AF242111

MONNOIES

EN

OR,

QUI COMPOSENT UNE
DES DIFFERENTES PARTIES
DU CABINET
DE

S. M. L'EMPEREUR,

DEPUIS
LES PLUS GRANDES PIECES
JUSQU'AUX PLUS PETITES.

VIENNE,

CHEZ JEAN THOMAS TRATTNER,
IMPRIMEUR ET LIBRAIRE DE LA COUR.
MDCCLIX.

SOUVERAINS PONTIFES.

JEAN XX. dit **XXII.** *De Cahors en Quercy, s'élut lui même à Lyon, l'an 1316. †1334.*

EUGENE, IV. *Venitien, Elu l'an 1431. † 1447.*

NICOLAS V. *Lucquois, Elu l'an 1447. † 1455.*

PIE II. *Picolomini, Siennois, Elu 1458. † 1464.*

PAUL II. *Venitien, Elu l'an 1464. † 1471.*

SIXTE IV. *De la Rovéré, Elu l'an. 1471.† 1484.*

INNOCENT VIII. *Cybo Génois Elu 1484.† 1492.*

ALEXANDRE VI. *Borgia, Elu l'an. 1492.† 1503.*

ULES II. *De la Rovéré, Elu 1503. † 1513.*

LEON X. *Médicis, Elu à l'age de 37. ans, l'an 1513.† 1522.*

CLEMENT VII. *Médicis, Florentin, fils de Julien Médicis, Elu 1523.*
† 1534. Il couronna l'Emp. Charles V. à Bologne 1530. Depuis ce
tems aucun Empereur n'a été Couronné par les Papes. Sous ce pontife
l'Angleterre se sépara de l'Eglise Romaine.

PAUL III. *Romain, auparavant nommé Alexandre Farnese, Elu 1534. †*
1550. Il confirma la société des Jésuites, & commença le Concile de Tren-
te en 1545.

IULES III. *Toscan, Elu l'an 1550. † 1555.*

GREGOIRE XIII. *Bolonois, Elu l'an 1572. † 1585.*

SIXTE V. *Peretti, de la Marche d'Ancone, Elu 1585. † 1590.*

GREGOIRE XIV. *Stondrati, Milanois, Elu 1590. † 1591.*

CLEMENT VIII. *Aldobrandin, de Fano, originaire de Florence, Elu 1592. † 1605.*

PAUL V. *Borghese. Elu l'an 1605. † 1621.*

GREGOIRE XV. *Ludovici, Bolonois, Elu 1621. † 1623.*

URBAIN VIII. *Barberini, Florentin, Elu 1623. † 1644.*

INNOCENT X. *Pamphile, Romain, Elu en 1644. † 1655.*

SEDE VACANTE *de 1655.*

ALEXANDRE VII. *Chigi, Siennois, Elu 1655. auparavant Legat Apoſt. à la paix de Munſter. † 1667.*

CLEMENT IX. *Jules Rospiglioſi de Piſtoye, Elu 1667. † 1679.*

CLEMENT X. *Altieri, Romain, Elu 1670. † 1676.*

INNOCENT XI. *Benoit Odescalchi, natif de Côme, Elu 1676. † 1689.*

ALEXANDRE VIII. *Ottoboni, Evêque de Brixen, né à Venise, 1620. Elu 1689. † 1691.*

SEDE VACANTE *de 1691.*

INNOCENT XII. *Pignatelli, Napolitain, Elu 1691. † 1700.*

SEDE VACANTE. *de 1700.*

CLEMENT XI. *Albani, natif d'Urbin,   Elu 1700. † 1721.*

SEDE VACANTE *de l'an 1721.*

INNOCENT XIII. *Michel Ange Conti, Romain, né 1655, Elu 1721.*
† 1724.

SEDE VACANTE *de 1724.*

BENOIT XIII. *Orsini, Elu l'an 1724. † 1730.*

SEDE VACANTE *de l'an 1730.*

CLEMENT XII. *Corsini, Florentin, né 1652. Elu 1730. † 1740.*

SEDE VACANATE *de 1740.*

BENOIT XIV. *Lambertini Boulonnois, Elu 1740. † 1758.*

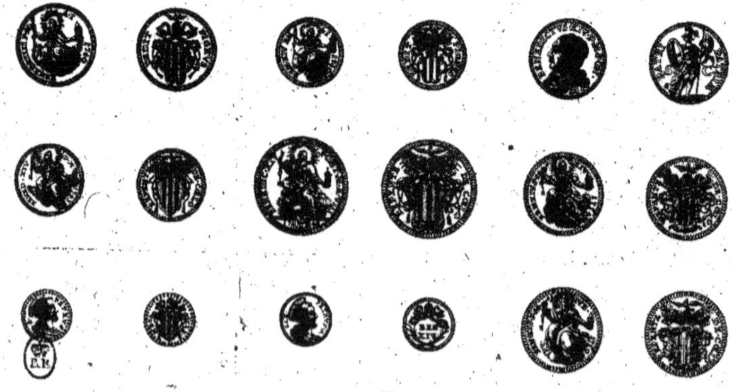

SEDE VACANTE *de 1758.*

CLEMENT XIII. *Rezzonico, Venitien, Elu 1758.*

ARCHEVEQUES DE MAYENCE.

GERLAC *de Naſſau Idſtein Wisbaden, Elu l'an 1346 † 1371.*

ADOLPHE I. *de Naſſau Idſtein Wisbaden, Evêque de Spire en 1372. Elu 1373. † 1388.*

CONRARD II. *de Weiſſenberg ou Winſperg, Elu 1390. † 1396.*

JEAN II. *de Naſſau frere d'Adolphe I. ci deſſus, Elu 1397. † 1419.*

CONRARD III. *Wildgrave de Dhaun & Rheingrave de Stein, Elu 1419. † 1434.*

ADOLPHE II. *de Naffau Wisbaden, Elu l'an. 1461. † 1475.*

DIETHERUS *d'Ifenbourg Büdingen, Elu l'an 1459. dépoffedé par Adolphe II de Naffau, l'an 1461. rétabli l'an 1475. fonda l'univerfité de Mayence, l'an 1477. † 1482.*

GEORGE FRIDERIC *de Greiffenklau de Wolrath, Archev. 1626. † 1629.*

ANSELME CASIMIR *Vambold de Umftadt, Elu 1629. † 1647.*

JEAN PHILIPPE *de Schönborn fils de George, & de Marie Barbe de Leyen, né 1605. Evêque de Würtzburg 1642. Archev. de Mayence 1647. † 1673.*

LOTHAIRE FREDERIC *de Metternicht & Burgſcheid, Elu Coadjuteur l'an 1670. Elect. 1673. † 1675.*

DAMIEN HARTARD *Baron de Leyen, Archev. 1675. † 1678.*

ANSELME FRANCOIS *Baron d'Ingelheim, Archev. 1679.† 1695.*

LOTHAIRE FRANCOIS *de Schönborn, fils de Philippe Ervin Baron de Schön-*
born, & de Marie Urfule de Greiffenklau, né 1655. Ev. de Bamberg 1693.
Archev. de Mayence 1695.† 1729.

FRANCOIS LOUIS *Comte Palatin frere des Electeurs Guillaume & Charles Phi-*
lippe, Elu l'an 1729.† 1732.

PHILIPPE CHARLES *Comte d'Eltz, Elu l'an 1732. † 1743.*

JEAN FREDERIC CHARLES *Comte d'Oftein, Elu le 22. Avril 1743.*

ARCHEVEQUES DE TREVES.

BOEMOND *Comte d: Saarbruck , Elu l'an 1354. † 1363.*

CONON *Comte de Falckenſtein & de Königſtein, Elu l'an 1363. Cardinal, 1384.† 1390.*

WERNER *Comte de Königſtein neveu de Conon ci deſſus, Elu 1390. † 1418.*

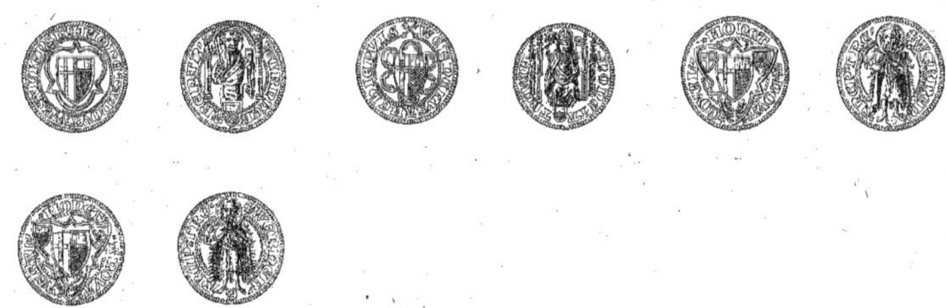

RABANUS *de Helmſtadt Evéque de Spire obtint l'Archev. de Treves du Pape Eugene IV. l'an 1429. abdiqua l'an 1439. † la méme année.*

LOTHAIRE *de Metternich, Elu 1599. † 1623.*

CHARLES GASPARD *van der Leyen, Elu l'an 1652. † 1676.*

JEAN HUGES *Comte d'Orsbeck, Elu coadjuteur l'an 1672. † 1711.*

SEDE VACANTE *de 1715.*

FRANCOIS LOUIS *Comte Palatin de Neubourg, Elu 1716. † 1732.*

FRANCOIS GEORGE *Comte de Schönborn, Elu 1729. † 1756.*

ARCHEVEQUES DE COLOGNE.

FREDERIC *de Saarwerden, Elu 1370. Card. 1384. † 1414.*

THEODORIC ou THIERY *Comte de Moeurs, Elu l'an 1414. † 1462.*

RUPERT *Comte Palatin du Rhin, Elu 1463. eut pour concurrent Herman de Hesse qui le fit prisonnier. † 1480.*

HERMAN IV. *Landgr. de Heſſe, Adminiſtrateur de l'Archev. de Cologne 1473.*
Elect. 1480. † 1508.

PHILIPPE *Comte d'Oberſtein & de Daun, Elu l'an 1508. † 1515.*

SALENTIN *Comte d'Iſenbourg, Elu 1567. abdiqua 1577. pour épouſer Antoi-*
nette d'Aremberg.

FERDINAND *de Baviere, fils du Guillaume V. & de Renée de Lorraine, fre-*
re puiné de Maximilien Electeur de Baviere, Elu 1612. † 1650.

MAXIMILIEN *Henri de Baviere, Elu Coadjuteur de Ferdinand ſon Oncle*
1643. Electeur 1650. † 1688.

JOSEPH CLEMENT *de Baviere, Elu 1688. eut pour Competiteur le Card.*
Guillaume Egon de Furſtenberg ſoutenu de la France. † 1723.

CLEMENT AUGUSTE *de Baviere, succéda à son Oncle l'an 1723.*

ARCHEVEQUES
PAR ORDRE ALPHABETIQUE.
ARCHEVEQUES D'ARLES.

ETIENNE *de la Garde nommé Archevêque d'Arles, l'an 1350. † 1360.*

ARCHEVEQUES DE MAGDEBOURG.

MONNOIE *de l'Archevêché de Magdebourg.*

ARCHEVEQUES DE SALTZBOURG.

PILGRIMUS II. *de Pucheim, Elu 1365. † 1369.*

LEONARD *de Keutschach, Elu l'an. 1495. † 1519.*

MATHIEU *Lang de Wellenbourg Cardinal en 1511. Archev. 1519. † 1540.*

ERNEST *fils d'Albert Duc de Baviere , & de Cunegonde fille de l'Emp. Fred. III. Administrateur de Saltzbourg, resigna l'an 1554. pour se retirer dans le Comté de Glatz qu'il avoit acheté, & où il mourut 1560.*

MICHEL *Comte de Khuenbourg, Elu 1554. † 1560.*

JEAN JAQUES *de Khuen Belasi, Elu 1560. † 1586.*

GEORGE *Comte de Khuenbourg, Elu 1586. † 1587.*

WOLFGANG THEODORIC *Thieri ou Dieteric Comte de Raittenau, Elu 1587. mis en prifon & forcé d'abdiquer 1612. † 1619.*

MARC SITTIC *Comte d'Altaemps & de Hohenems, Neveu de St. Charles Borromée, Elu 1612. † 1617.*

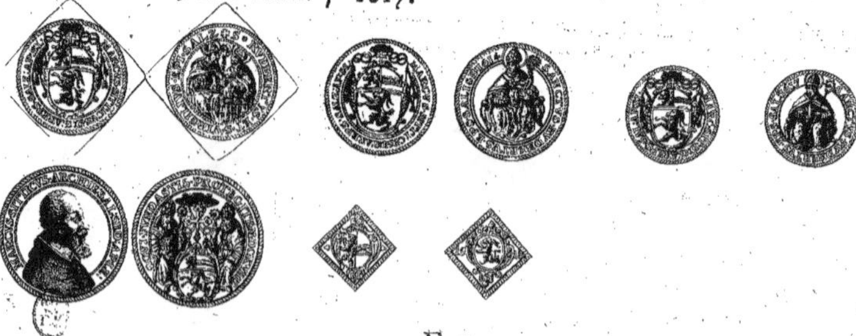

PARIS *Comte de Lodron, fonda l'Univerſité, & rebâtit la Cathédrale, Elu 1619.*
    † *1653.*

GUIDOBALD *Comte de Thun, 1654. † 1668.*

MAXIMILIEN GANDOLPHE *Comte de Khuenbourg, Elu l'an 1668. Cardinal 1686. † 1687.*

JEAN ERNEST *Comte de Thun, Elu 1687. † 1709.*

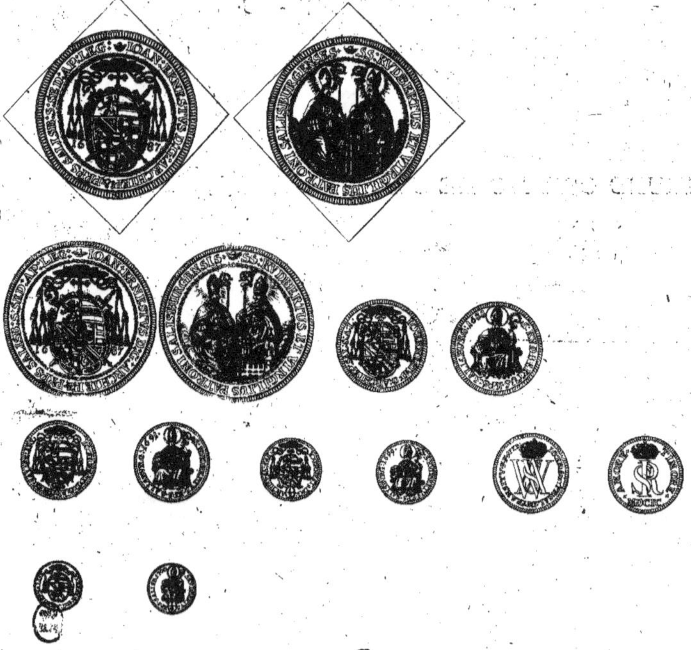

FRANCOIS ANTOINE *Comte d'Harrach, Elu 1709. † 1727.*

LEOPOLD *Baron de Firmian, Elu 1727. † 1745.*

JAQUES ERNEST *Comte de Liechtenſtein, Elu 1745. † 1747.*

ANDRE *Comte de Dietrichſtein, Elu 1747. † 1753.*

SIGISMUND CHRISTOPHE *Comte de Schrattenbach, Elu 1753.*

EVEQUES.
PAR ORDRE ALPHABETIQUE.
EVEQUES D'AICHSTEDT.

JEAN CONRAD *de Gemmingen*, Elu *1595.* † *1612.*

JE-

JEAN CHRISTOPHE *de Weſterſtetten*, Elu *1612.* † *1637.*

JEAN ANTOINE II. *Baron de Freyberg*, Elu *1736.* † *1757.*

EVEQUES D'AUGSBOURG.

ALEXANDRE SIGISMOND *fils de Philippe Guillaume Electeur Palatin,* Elu *1690.* † *1737.*

JOSEPH *Landgrave de Heſſe Darmſtadt, Elu 1740.*

EVEQUES DE BALE.

JEAN FRANCOIS *de Schonaw, Elu l'an 1651.*

JEAN CONRARD *Baron de Reinach, Elu 1705. † 1737.*

EVEQUES DE BAMBERG.

JEAN PHILIPPE *de Gebſattel, Elu l'an 1599. † 1609.*

JEAN GEORGE *de Fuchs & Dornheim, Elu 1623. † 1633.*

MELCHIOR OTTHON *de Voit de Saltzbourg, Elu 1642. fonda l'Univerſite de Bamberg 1648. † 1653.*

PHILIPPE VALENTIN *Voit de Rieneck, Elu l'an 1653. † 1672.*

MARQUARD SEBASTIEN *Schenck de Stauffenberg, Elu 1683. † 1693.*

JEAN PHILIPPE ANTOINE *Baron de Franckenstein, né 1695. Elu Evéque de Bamberg 1746. † 1753.*

EVEQUES DE BRESLAU.

JEAN *Thurzo natif de Cracovie, Elu l'an 1506. † 1520.*

JAQUES *de Salza Préfident du Duché de Glogau, Elu l'an 1520. † 1539.*

BALTAZAR *Promitz*, *Elu l'an 1539. † 1561.*

CASPARD *de Logaw Silefien, mort entre l'année 1573. & 1574.*

MARTIN *Gerftmann, Elu l'an 1574. † 1585.*

ANDRE *Jerinus, Elu l'an 1585. † 1596.*

JEAN *Sitfch, Elu l'an 1600. † 1608.*

CHARLES *Archiduc d'Autriche & de Carinthie frere de l'Emp. Ferdinand II.*
Elu 1610. † 1624.

CHARLES FERDINAND *Prince de Pologne & de Suede, fils de Sigis-*
mond III. Roi de Pologne, Elu 1624. 1644.

FREDERIC *Landgr. de Hesse Darmstadt, Cardinal l'an 1655. Evêque de*
Breslau l'an 1673. Vice Roi de Sardaigne & Ambassadeur à Rome † 1682

FRANCOIS LOUIS *Palatin de Neubourg, fils de Philippe Guillaume Electeur*
Palatin, Elu l'an 1683. † 1732.

PHILIPPE LOUIS *fils de Philippe Louis Wenceslas Comte de Sintzen-dorf, & de Rose Catherine Isabelle de Waldstein, né 1699. Evêque l'an 1732. † 1745.*

PHILIPPE GOTHART *Comte de Schaffgotsch, né 1715. Evêque l'an 1745.*

EVEQUES DE BRIXEN.

CHRISTOPHE ANDRE *Baron de Spaur & de Vallör, Elu l'an 1600. † 1613.*

CHARLES *d'Autriche petit fils de l'Emp. Ferdinand I. Elu 1613. † en Espagne l'an 1624.*

GASPAR IGNACE *Comte de Künigl, Elu l'an 1711.*

EVEQUES DE COIRE.

PIERRE *Rascher, Elu 1581. † 1601.*

JEAN FLUG I. *d'Aspremont, Elu l'an 1594. † 1627.*

JEAN FLUG II. *d'Aspremont, neveu de Jean Flug cydessus, Elu l'an 1636. †*
1661.

I

UDALRIC *ou Ulric de Monte, Elu l'an 1661. † 1692.*

UDALRIC *ou Ulric de Federſpiel, Elu l'an 1692. † 1728.*

JOSEPH BENOIT *Baron de Roſt, Elu 1728. † 1755.*

EVEQUES DE **CONSTANCE.**

JEAN FRANCOIS *Schenck de Stauffenberg, Elu 1704.*

EVEQUES DE **HILDESHEIM.**

JOSSE EDMOND *de Brabeck, Elu 1688. † 1702. âgé de 80. ans.*

EVEQUES DE **LIEGE.**

JEAN *fils de Jaques I. Comte de Horn, Elu l'an 1484. † 1505.*

ERNEST *de Baviére 3ᵉ fils d'Albert V. Elu Evêque de Liege & Abbé de Stablo l'an 1581. fut Electeur de Cologne aprés l'Apoſtaſie & l'Expulſion de Gebhart Truchſes, l'an 1583. † 1612.*

FERDINAND *de Baviére fils de Guillaume V. Elu l'an 1612. † 1650.*

MAXIMILIEN HENRI *de Baviére, ſuccéda à ſon oncle Ferd. cydeſſus, l'an 1650. † 1688.*

JEAN LOUIS *Baron d'Elderen Grand-Doyen de St. Lambert & Prevôt de Ton-gres, Elu l'an 1688. † 1694.*

SEDE VACANTE *de l'an 1694.*

SEDE VACANTE *de l'an 1724.*

SEDE VACANTE *de l'an 1744.*

EVEQUES DE MUNSTER.

FERDINAND *de Baviére Electeur de Cologne, Elu Evéque de Munster 1612. † 1650.*

CHRISTOPHE BERNARD *de Gahlen, Chanoine de Munſter & puis Abbe de Corvey, Elu Evêque de Munſter 1659. † 1678.*

FRIDERIC CHRISTIAN *Baron de Plettenberg, Elu 1688. † 1706.*

FRANCOIS ARNOULD *Baron de Metternich & de Gracht, Elu 1706. † 1718.*

EVEQUES D'OLMUTZ.

FRANCOIS *Comte de Dietrichstein , Cardinal & Evéque d'Olmutz en 1598. Prince d'Emp. 1622. fonda la Collégiale de Niclaspurg & 8. Monasteres dans son Diocése † 1636.*

LEOPOLD GUILLAUME *Archiduc d'Autriche, frere de l'Emp. Ferdinand III. Evéque d'Olmutz & grand maitre de l'Ordre Teutonique l'an 1662.*

CHARLES *Comte de Liechtenstein , Elu 1664. † 1695.*

CHARLES *frere puine de Leopold Duc de Lorraine, Elu 1695. † 1715.*

WOLFGANG HANNIBAL *Comte de Schrattenbach, Elu 1711. Cardinal l'année suivante, Viceroi de Naples en 1719. † 1738.*

JAQUES ERNEST *Comte de Liechtenstein Elu 1738. † 1747.*

FERDINAND JULES *Comte de Troyer, Elu l'an 1745. Card 1747.* † *1758.*

EVEQUES D'OSNABRUCK.

FRANCOIS GUILLAUME *Fils de Ferdinand de Baviére Comte de War-temberg, & de Marie de Pettenbeck, né 1593. Evêque d'Osnabruck 1625. de Minden 1629: de Ferden 1630. de Ratisbonne 1649. Cardinal 1660.* † *1661.*

EVEQUES DE PADERBORN.

THEODORIC *ou* THIERI *Baron de Furstemberg, Elu l'an 1585.* † *1618.*

THIERI ADOLPHE *Baron de Reck, Elu 1650.* † *1661.*

FERDINAND *Baron de Furstemberg en Westphalie, le Mécene de son Siecle & un des plus grands Prélats de l'Eglise, Elu 1661.* † *1683.*

HERMAN WERNER *Baron de Wolff Metternich & de Gracht , Elu 1683. † 1704.*

FRANCOIS ARNOLD *Baron de Wolff Mettternich & de Gracht , succeda à son oncle l'an 1703. Evéque de Münster l'an 1706. † 1718.*

CLEMENT AUGUSTE *4ᵉ. fils de Maximilien Emmanuel Elect. de Baviére, Elu 1719.*

EVEQUES DE **PASSAU.**

URBAIN *de Trenbach , Elu 1561. † 1600.*

L

EVEQUES.

JEAN PHILIPPE *Comte de Lamberg, Elu 1689. Card. l'an 1700. † 1712.*

RAYMOND FERDINAND *Comte de Rabatta, Elu 1713. 1723.*

JOSEPH DOMINIQUE *Comte de Lamberg, Elu 1723. Card. 1737.*

EVEQUES DE S. PAUL DE TROIS CHATEAUX.

JACQUES *de la Tour du Pin de la Famille des Dauphins Viennois, Evéque & Comte de St. Paul de Trois Chateaux en Dauphiné, nommé vers l'an 1364. †*

EVEQUES DE SPIRE.

ADOLPHE I. *de Naſſau Idſtein Wisbaden, Elu l'an 1372. Archev. de Mayence l'an 1388.*

LOTHAIRE FREDERIC *Comte de Metternich Burſcheid, Elu l'an 1652. † 1675.*

HENRI HARTARD *Baron de Rollingen, Elu l'an 1711. † 1719.*

EVEQUES DE STRASBOURG.

MONNOIE *du Chapitre Epiſcopal de Strasbourg frappée l'an 1632., par ordre d'Othon Comte de Salm Doyen du même Chapitre, & Adminiſtrateur de l'Eveché au nom de l'Archid. Leopold Guillaume, qui alors n'avoit que 16. ans.*

EVEQUES DE SYON.

HILDEBRAND *de Rietmatten, Elu l'an 1565. † 1604.*

ADRIEN IV. *de Rietmatten, Elu l'an 1670. † 1702.*

EVEQUES DE WURTZBOURG.

JULES ECHTER *de Meſpelbrunn, Elu 1573. fonda l'Univerſité de Wurtz-bourg. † 1617.*

JEAN GODEFROY *d'Aſchauſen, Elu l'an 1617. † 1622.*

PHILIPPE ADOLPHE *d'Ehrenberg, Elu l'an 1623. † 1631.*

FRANCOIS *Comte de Hatzfeld, Elu 1631. 1642.*

JEAN PHILIPPE *de Schönborn , Elu l'an 1642. Elect. de Mayence 1646. †*
1673.

JEAN HARTMAN *de Rosenbach, Elu 1673. † 1675.*

CONRARD GUILLAUME *de Werdenau, Elu l'an 1683. † 1684.*

JEAN PHILIPPE *Baron de Greiffenklau Volraths , Elu l'an 1699. † 1719.*

JEAN PHILIPPE FRANCOIS *Comte de Schönborn, Elu l'an 1719. † 1724.*

CHRISTOPHE FRANCOIS *de Hutten, Elu 1724. † 1729.*

FREDERIC CHARLES *Comte de Schönborn Puchheim, Elu l'an 1729. †*
1749.

CHARLES PHILIPPE *Baron de Greiffenklau de Volraths, né 1690. Elu*
1749 † 1754.

ADAM FREDERIC *Comte de Seinsheim , Elu l'an 1755. Evêque de Bamberg l'an 1757.*

ABBES et CHAPITRES.

DU CHAPITRE DE St. ALBAN A MAYENCE.

DU CHAPITRE DE BERONE DANS LE CANTON DE LUCERNE.

DE L'ABBAYE DE CLOSTER-NEUBOURG SUR LE DANUBE.

ABBES DE CORVEY.

GASPAR *de Boeslager Abbé de Corvey Prince du St. Empire, Elu l'an 1737.* † *1758.*

ABBES DE **FULD.**

PLACIDE *Comte de Droſt , Elu 1678. † 1700.*

CONSTANTIN *Baron de Buttler, Elu l'an 1714. † 1726.*

ADOLPHE *Baron de Dalberg , Prince du St. Empire , Archichanchelier de l'Impératrice , & Primat des Abbayes de Germanie & des Gaules , Elu 1726. † 1737.*

ARMAND *Brand, Baron de Buſeck, Elu 1737. † 1756.*

N

ABBES de **KEMPTEN.**

RUPERT *Baron de Bodman Steislingen , Abbé de Kempten en Suabe , Prince du S. Emp. & Archimareſchal de l'Impératrice.*

ANSELME *de Meldegg, Elu l'an 1728. † 1747.*

ENGELBERT *Baron Zirgenſtain, Elu l'an 1747.*

ABBES de **MURI** SUR LES CONFINS DU CANTON DE LUCERNE.

PLACIDE *de Surlauben de Thurn & de Geſtellenburg, Elu*

ABBES DE **RHEINAU** EN SUISSE.

GEROLD II. *de Surlauben, de Thurn & de Geſtellenburg, Elu.*

ABBES DE WERDEN.

HENRI *Ducker Abbé de Werden Elu l'an 1646. † 1667.*

PREVOTS DE WISCHRAD A PRAGUE.

JEAN ADAM *fils de Wenceslas Albert Comte de Wratislas Mitrovitz, Elu l'an 1709. Evêque de Königgratz l'an 1711. puis de Leutmeritz, l'an 1721.*

CHARLES JOSEPH *fils de Maximilien Guidobald Comte de Martinitz, Elu l'an.*

ORDRES MILITAIRES.

GRANDS MAITRES PORTEGLAIVES OU DE LIVONIE.

WALTER *de Plettenberg, grand Maitre des Chevaliers Porteglaives en Livonie l'an 1493. † 1535.*

GRANDS MAITRES DE MALTHE.

JEAN PARISOT *de la Valette, força les Turcs de lever le siége devant Malthe , l'an 1565. † 1568.*

ADOLPHE *de Vignacourt , Elu l'an 1601. † 1632.*

JEAN PAUL *Lascaris Castelar , Elu l'an 1636. † 1657.*

ADRIEN *de Vignacourt , Elu l'an 1690. † 1697.*

RAYMOND *de Pérellos de Rocafull , Elu l'an 1697. † 1720.*

MARC ANTOINE *Zondodari Sienois , Elu l'an 1720 † 1722.*

ANTOINE *Manöel de Vilhena, Portugais, Elu 1722. † 1741.*

EMMANUEL *Pinto de Fonseca, Portugais, Elu l'an 1741.*

GRANDS MAITRES TEUTONIQUES.

HENRI *de Reuſs Plauen, Elu l'an 1467. † 1470.*

MAXIMILIEN *fils de l'Empereur Maximilien II. & frere des Empereurs Rodolphe II. & Mathias, né 1558. Grand Maitre de l'ordre Teutonique † 1620.*

CHARLES *Poſtume, fils de Charles Archid. de Styrie, Ev. de Brixen & de Breslau, Elu 1619. † 1624.*

JEAN EUSTACHE de *Wefternach*, né *1545*. Elu Grand Maitre Teutonique
1625. † 1627.

JEAN GASPARD d'*Ampringe*, Elu Gr. M. 1664. † 1685.

FRANCOIS LOUIS de *Neubourg*, fils de Philippe Guillaume Elect. Palatin,
Elu 1694. † 1732.

EMPEREURS D'ALLEMAGNE.

CHARLEMAGNE *Reſtaurateur de l'Emp. d'Occident fils ainé de Pepin le bref: & de Berthe ou Bertrade né dans le chateau d'Ingelheim près de Mayence vers l'an 742. Couronné Emp. par le Pape Leon III. le jour de Noël de l'an 800. † 814.*

FREDERIC II. *de la Maiſon de Suabe, fils de Henri VI. & de Conſtance fille & héritiére de Roger Roi de Naples & de Sicile. Emp. l'an 1212. † 1250.*

HENRI VII. *fils de Henri II. Comte de Luxembourg, Elu Empereur l'an 1308. Empoiſonné l'an 1313.*

CHARLES IV. *fils de Jean de Luxembourg, & de ſa 1re femme Eliſabeth fille & heritiere de Wenceslas IV. Roi de Bohéme, Emp. l'an 1347. † 1378.*

WENCESLAS *fils de l'Emp. Charles IV. & de sa 3ᵉ femme Anne de Silesie,
né l'an 1361. Roi de Bohême & Emp. l'an 1378. déposé l'an 1400. † 1419.*

SIGISMOND *frere puiné de l'Emp. Wenceslas , né l'an 1368. Roi de Hongrie
en 1387. de Bohême en 1419. Emp. en 1411. † 1437.*

ALBERT II. *d'Autriche ne l'an 1399. & sa femme Elisabeth heritiere des Royaumes de Hongrie & de Bohême l'an 1422. Emp. l'an 1438. † 1439.*

FREDERIC III. *fils d'Ernest Duc d'Autriche, né l'an 1415. Emp. 1440. † 1493.*

MAXIMILIEN I. *fils de l'Empereur Frederic III. né 1459. Emp. 1493. † 1519.*

CHARLES V. *fils de Philippe I. & de Jeanne Héritiére des Etats de Castille. & d'Aragon, né 1500. Roi d'Espagne 1516. Emp. 1519. Abdiqua le 2. Juin 1556. † 1558.*

FERDINAND I. *frere de l'Emp. Charles V. né 1503. Roi de Hongrie & de Bohème 1527. Emp. 1558. † 1564.*

MAXIMILIEN II. *fils de Ferdinand I. & d'Anne sœur de Louis II. Roi d'Hongrie né l'an 1527. Roi de Bohême en 1562. Roi des Romains la même année, Roi de Hongrie l'an 1563. Emp. 1564. † 1576.*

RODOLPHE II. *fils de Maximilien II. né l'an 1552. Roi de Hongrie 1572. de Bohême 1575. Emp. 1576. † 1612.*

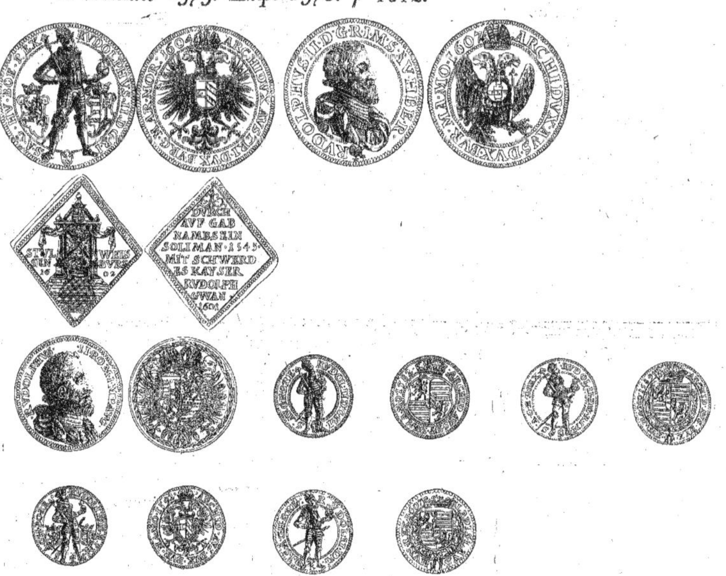

MATHIAS *frere de l'Empereur Rodolphe II. né 1557. Roi de Hongrie 1608.
de Bohème en 1611. Emp. 1612. † 1619.*

FERDINAND II. *fils de Charles Archiduc de Stirie, & de Marie fille d'Albert
V. Duc de Baviere, né 1578. Roi de Bohème 1617. de Hongrie 1618.
Emp. 1619. † 1637.*

FERDINAND III. *fils de Ferdinand II. & de Marie Anne de Baviére, né 1608. Roi de Hongrie 1625. de Bohême en 1627. Emp. 1736. † 1657.*

FERDINAND IV. *fils de l'Empereur Ferdinand III. & de Marie Anne fille de Philippe III. Roi d'Espagne, né 1633. Roi de Bohême 1646. de Hongrie 1647. Roi des Romains 1653. † 1654.*

LEOPOLD *fils de l'Emp. Ferdinand III. & de Marie Anne fille de Philippe III. Roi d'Espagne, né 1640. Roi de Hongrie 1655. de Bohême 1656. Emp. 1658. † 1705.*

JOSEPH *fils de l'Emp. Léopold & de sa troisieme femme Eléonore Magdelaine de Neubourg, né l'an 1678. Roi de Hongrie 1687. Roi des Romains 1690. Emp. 1705. † 1711.*

CHARLES VI. *frere de l'Emp. Joseph, né 1685. Roi d'Espagne 1703. Emp. 1711. Couronné Roi d'Hongrie 1712. Roi de Bohème 1723. † 1740.*

CHARLES VII. *fils de Maximilien Marie Emanuel de Bavière, & de Therèse Cunegonde Sobieski, né 1697. proclamé Empereur, & couronné comme tel 1742. † 1745.*

FRANCOIS I. *né 1708. Duc de Lorraine le 27. Mars 1729. Epousa Marie Therese fille & héritiére de Charles VI. l'an 1736. Grand Duc de Toscane 1737. Emp. des Romains & Couronné à Francfort 1745.*

MARIE THERESE *fille & héritiére de l'Emp. Charles VI. née 1717. Impe-*
ratrice des Romains 1745.

EMPEREURS ET IMPERATRICES DE RUSSIE.

FOEDOR ALEXIEWITZ *Autocrator de Ruffie, fils d'Alexis Michaelowitz, né l'an 1657. Czar l'an 1676. † Sans posterité l'an 1682.*

SOPHIE *sœur ainée de Pierre le grand avec les titres de grande Regente, de Princeffe du fang, de fille d'Alexis & d'Autocratice de la grande & petite Ruffie, † dans un Cloître l'an 1704.*

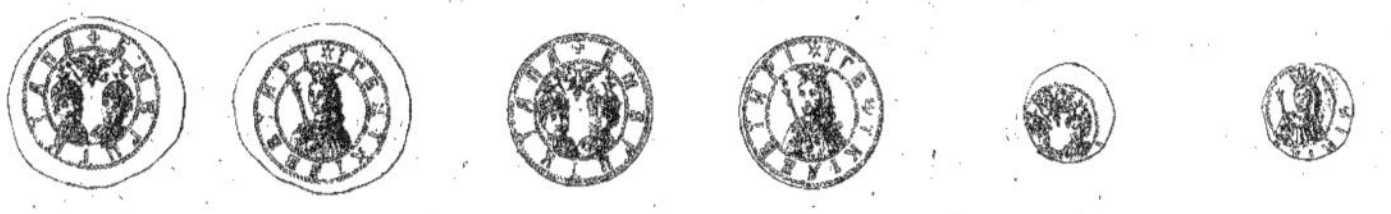

PIERRE LE GRAND, *troifieme fils de Alexis Michaelovitz, né l'an 1672. Czar de Ruffie avec Iwan fon frere depuis 1682. Jusqu'en 1686. Empereur 1721. † 1725.*

CATHERINE *née l'an 1689. Le Czar Pierre le Grand l'épousa l'an 1707. dé-
clara son Mariage après l'affaire de Pruth en 1711. la fit Couronner Impératrice de toutes les Russies 1724. elle luy succéda 1725. † 1727.*

PIERRE ALEXIOWITZ II. *Empereur & Autocrateur de toutes les Russies,
fils de l'infortuné Alexis Pétrowitz, & de Christine Sophie de Br. Wolffen-
bütel, né 1715. proclamé Emp. à Moscou 1728. † 1730.*

ANNE IWANOWNA *fille puinée du Czar Jean Alexiowitz frere ainé de
Pierre le Grand, née 1693. mariée à Frederic Guillaume Duc de Curlande
en ·1710. Veuve 1711. proclamée Impératrice de Russie 1730. † 1740.*

ELISABETH PETROWNA *fille puinée de Pierre le grand, & de l'Impératrice Catherine, née l'an 1710. proclamée Autocratrice de toutes les Russies le 6. Decembre 1741. & Couronnée à Moscou 1742.*

ANCIENNES *Monnoyés de Russie ou Copeks d'or inconnus.*

ROIS,

SELON L'ORDRE ALPHABETIQUE DES ROYAUMES.

ROIS D'ANGLETERRE.

HENRI VI. *de la Maiſon de Lancaſtre, né l'an 1421. Roi d'Angleterre 1422. Roi de France 1431. détroné l'an 1461. Rétabli 1470. † 1472.*

HENRI VII. *Comte de Richemont, fils d'Edmond Tudor & de la Reine Marguerite. de Beaufort † 1472.*

EDOUARD IV. *de la Maiſon d'Yorck, né l'an 1441. Roi 1461. † 1483.*

HENRI VIII. *fils de Henri VII. né l'an 1491. Roi 1509. † 1547.*

T

MARIE *fille de Henri VIII. née l'an 1516. Reine d'Angleterre 1553. Epouſa Philippe II. Roi d'Eſpagne l'an 1554. † 1558.*

ELISABETH *fille de Henri VIII. & d'Anne de Boulein, née 1553. Reine 1558. † 1603.*

JAQUES I. *Roi de la Grande Bretagne fils de Henri Stuart Darnley & de l'infortunée Reine Marie Stuart, fille & héritiere de Jaques V. Roi d'Ecoſſe, née 1566. Roi d'Ecoſſe 1567. Roi d'Angleterre 1603. † 1625.*

CHARLES I. *fils de Jaques I. Roi d'Ecoſſe & d'Angleterre, & d'Anne Fille de Frederic II. Roi de Dannemarck, né 1600. Roi 1625. décapité le 30. Janv. 1649.*

MONNOIE *des Communes d'Angleterre frappeé pendant les troubles de l'interegne, l'an 1653.*

OLIVIER CROMWEL *fils de Robert Cromwell, déclaré Protecteur de l'Angleterre l'an 1653. † 1658.*

CHARLES II. *fils de l'infortuné Charles I. & de Henriette Marie fille de Henri IV. Roi de France, né 1630. Roi 1661. † 1685.*

JAQUES II. *fils de Charles I. & de Henriette Marie fille de Henri IV. Roi de France, né 1633. Roi 1685. détroné 1689. † 1701.*

GUILLAUME III. *Prince d'Orange fils de Marie Sœur de Jaques II. Roi d'Angleterre, né 1650. Epousa Marie fille de Jaques II. & Niéce du Roi Charles II. 1677. proclamé Roi d'Angleterre 1689. † 1702.*

ANNE *fille de Jaques II. & de Anne Hyde fœur puinée de Marie femme de Guillaume III. née 1664. Reine 1702. † 1714.*

GEORGE LOUIS *fils d'Erneſt Auguſte, Electeur de Hanovre, & de Sophie fille de Freder. V. Electeur Palatin, né 1660. proclamé Roi d'Angleterre 1714. † 1727.*

GEORGE II. *fils de George I. & de Sophie Dorothée de Brunſwich - Zell, né 1683. Prince de Galles 1714. & couronné Roi de la grande Bretagne 1727.*

ROIS D'ARAGON.

JAQUES *d'Aragon dit Jaques II. Roi de Majorque, ou des Isles Baléares, Comte de Rouſſillon, de Cerdagne, & ſgr. de Montpellier, fils de Jaques I. Roi d'Aragon ſurnommé le Conquerant, & de ſa 2.ᵈᵉ femme Jolande fille d'André II. Roi de Hongrie, Roi de Majorque l'an 1276. † 1312.*

PIERRE IV. *dit le Cérémonieux, fils d'Alphonſe IV. & de ſa 1.ʳᵉ femme Thereſe Comteſſe d'Vrgel, Roi l'an 1336 † 1388.*

JEAN I. *fils de Pierre IV. & de ſa 3.ᵉ femme Eléonore d'Aragon Sicile, né l'an 1351. Roi d'Aragon & de Valence l'an 1388. † 1395.*

MARTIN I. *Roi d'Aragon & de Sicile frere puiné de Jean I. cy deſſus, Roi d'Aragon l'an 1395. † 1410.*

V

JEAN II. *fils de Ferdinand dit le juste Roi d'Aragon & de Sicile, & d'Eléonore de Castille Albuquerque, né 1397. Roi de Navarre 1425. Roi d'Aragon & de Sicile 1458. † 1479.*

FERDINAND *le Catholique fils de Jean II. & de sa 2ᵈᵉ femme Jeanne fille de Frederic Amirante de Castille, né l'an 1453. Roi d'Aragon 1479. † 1516.*

JEANNE *fille de Ferdinand le Catholique & d'Isabelle de Castille, née l'an 1479. hérita la Monarchie d'Espagne, Mariée l'an 1496. † 1555. & son fils Charles I. né 1500. Roi d'Espagne 1516. Empereur sous le nom de Charles V. l'an 1519. † 1558.*

CHARLES II. *fils de Philippe IV. & de Marie Anne d'Autriche né l'an 1661. Roi 1665. † 1700.*

PHILIPPE V. *Duc d'Anjou & petit fils de Louis XIV. né l'an 1683. Roi 1700. abdiqua le 16. Janv. 1724. remonta fur le Trone le 6. 7bre de la même année † le 9. Janvier 1746.*

ROIS DE **BOHEME.**

JEAN *de Luxembourg, fils de l'Empereur Henri VII. Roi de Bohème, en 1311. par fon Mariage avec Elifabeth fille & héritiére de Wenceslas IV. Roi de Bohème, tué à la Bataille de Crecy en Picardie, l'an 1346.*

CHARLES I. *fils de Jean cy deffus, & d'Elifabeth fille de Frederic Duc d'Autriche, né l'an 1316. Roi de Bohème & Empereur fous le nom de Charles IV. 1346. † 1378.*

SIGISMOND *fils de Charles I. né l'an 1368. Empereur 1410. Roi de Bohème 1419. † 1437.*

ALBERT *d'Autriche depuis Empereur fous le nom d'Albert II. Roi de Bohème du Chef de fa femme Elifabeth fille & héritiere de l'Emp. Sigismond & de Marie d'Anjou, † 1439.*

WLADISLAS II. *fils de Elifabeth & de Cafimir III. Roi de Pologne & petit fils de l'Empereur Sigismond, né l'an 1456. Roi de Bohême 1471. † 1516.*

LOUIS I. *fils de Wladislas II. & de fa 1re femme Béatrix fille naturelle de Ferdinand Roi de Naples, né l'an 1506. Roi de Bohême & de Hongrie l'an 1516. tué à la funefte journée de Mohatz l'an 1526.*

FERDINAND I, *frere puiné de l'Emp. Charles V. né 1503. Roi de Bohême 1527. † 1564.*

RODOLPHE II. *fils ainé de l'Emp. Maximilien II. né 1552. Roi de Bohême 1575. † 1612.*

MATHIAS II. *frere puiné de l'Emp. Rodolphe II. né 1557. Roi de Bohème 1611. † 1619.*

FREDERIC *fils de Frederic IV. Electeur Palatin & de Louise Julienne d'O-range, né 1596. proclamé Roi de Bohème, par les Rebelles 1619. détroné par la Bataille de Weissenberg 1620. † 1632.*

FERDINAND II. *fils de Charles Archiduc de Styrie & de Marie fille d'Albert V. Duc de Baviére né 1578. Roi de Bohème 1617, † 1637.*

FERDINAND III. *fils de Ferdinand II. & de Marie Anne de Baviére, né 1608. Roi de Bohème 1627. † 1657.*

FERDINAND IV. *fils ainé de Ferdinand III. & de Marie Anne d'Espagne,* *né 1633. Roi de Bohème 1646. † 1645.*

LEOPOLD *frere puiné de Ferdinand IV. né 1640. Roi 1656. † 1705.*

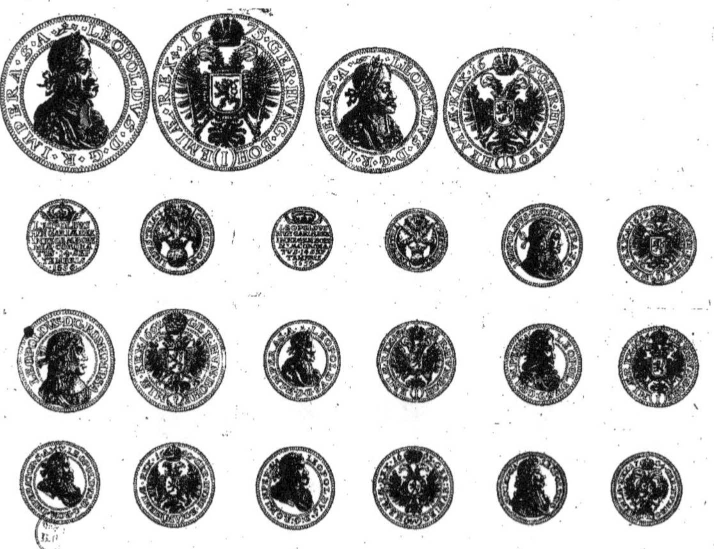

JOSEPH *fils de l'Emp. Léopold & d'Eléonore Magdelaine Palatine, né 1678.* †
1711.

CHARLES VI. *frere puiné de l'Emp. Joseph, né 1685.* † *1740.*

MARIE THERESE *fille & Héritiére de l'Empereur Charles VI. née 1717.*
Couronnée Reine de Bohéme 1743.

ROIS DE DANNEMARCK.

JEAN *fils aîné de Chriſtian I. & de Dorothée de Brandeb. né 1454. Roi de Dan-*
nemarck & de Norvege 1481. & de Suede 1483. † 1513.

CHRISTIAN III. *fils de Frederic I. & de ſa 1ʳᵉ femme Anne de Brandebourg,*
né l'an 1504. Roi l'an 1533. † 1559.

CHRISTIAN IV. *fils de Frederic II. & de Sophie de Mecklenbourg, né 1577.*
Roi 1588. † 1648.

MONNOIE NUPTIALE *de Chriſtian Prince Royal de Dannemarck , frere ainé du Roi Frederic III. né 1603. † 1648. & de Magdelaine Sybille de Saxe, Mariée l'an 1634. † 1668.*

FREDERIC III. *fils de Chriſtian IV. né 1609. Roi 1648. † 1670.*

CHRISTIAN V. *fils de Frederic III. né 1646. Roi 1670. † 1699.*

FREDERIC IV. *fils de Christian V. né 1671. Roi 1699. † 1730.*

IDEM, & *fa* 1re *femme Louife fille de Guftave Adolphe Duc de Mecklenbourg, Guftrav, née l'an 1667. Mariée l'an 1695. † 1721.*

GUILLAUME *frere puiné de Frederic IV. né l'an 1687. † 1706.*

LOUISE *mentionnée cy deffus & fa belle fœur Sophie Hedwige née l'an 1677. † 1735.*

CHRISTIAN VI. *fils de Frederic IV. & de fa* 1re *femme Louife de Mecklenbourg Guftrav, né 1699. Roi 1730. † 1746.*

FREDERIC V. *fils de Chriftian VI. & de Sophie Magdelaine de Brandebourg-Culmbach, né 1723. Roi 1746.*

LOUISE *fille de George II. Roi d'Angleterre, née l'an 1724. Mariée au Roi Frederic V. l'an 1743. † 1751.*

ROIS D'ECOSSE.

JAQUES V. *fils de Jaques IV. né l'an 1512. Roi 1513. † 1542.*

ROIS D'ESPAGNE.

RECAREDE *Roi des Wisigots en Espagne, succeda à son Pere Leuvigilde l'an 586. & mourut l'an 601.*

FERDINAND *surnommé le Catholique, né l'an 1453. Roi l'an 1479. † 1516. & sa femme Isabelle de Castille, née l'an 1451. Mariée l'an 1469. † 1504.*

FERDINAND *furnommé le Catholique Seul.*

PHILIPPE *le beau fils de l'Emp. Maximilien I., nè l'an 1478. † 1506. & fa femme Jeanne héritiére de la Monarchie d'Efpagne, nè l'an 1479. Mariée l'an 1496. † 1555.*

JEANNE *cy deffus., & fon fils Charles I. connu depuis fous le nom de Charles V. Emp. nè l'an 1500. Roi d'Efpagne 1516. Emp. 1519. abdiqua l'an 1556. † 1558.*

PHILIPPE II. *fils de Charles I. Roi d'Efpagne, & d'Ifabelle de Portugal, nè 1527. Roi 1556. † 1598.*

PHILIPPE III. *fils de Philippe II. & de sa 4me femme Anne fille de l'Emp. Maximilien II. né 1578. Roi 1598. † 1621.*

PHILIPPE IV. *fils de Philippe III. & de Marguerite Archiduchesse de Carinthie, né 1605. Roi d'Espagne 1621. † 1665.*

CHARLES II. *fils de Philippe IV. né l'an 1661. Roi l'an 1665. † 1700. & sa mere & Tutrice Marie Anne fille de l'Emp. Ferdinand III. née l'an 1634. mariée l'an 1649. Veuve l'an 1665. † 1696.*

PHILIPPE V. *Duc d'Anjou , fils de Louis Dauphin de France & de Marie Anne de Baviére , né 1683. † 1746.*

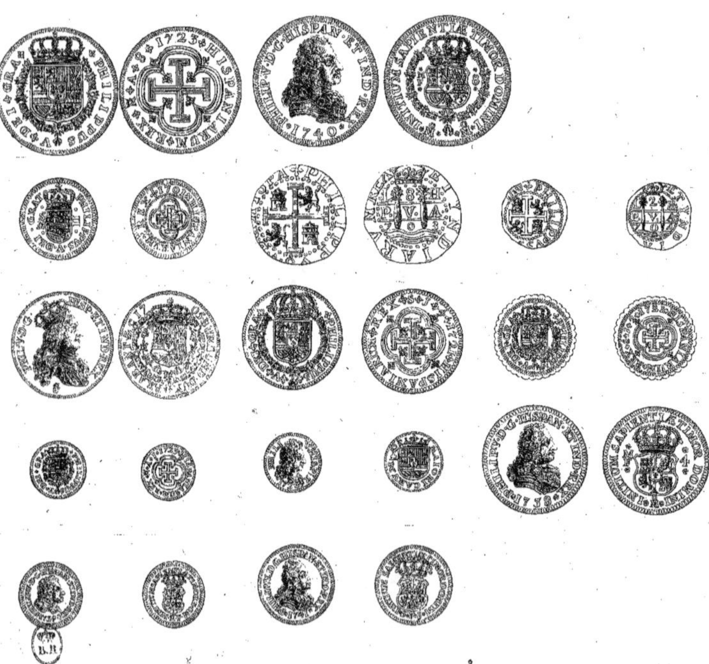

FERDINAND VI. *fils de Philippe V. & de Marie Louife Gabriele fille de Victor Amédée Duc de Savoye, né 1713. marié à Marie Barbe fille de Jean V. Roi de Portugal 1729. Roi d'Espagne 1746.*

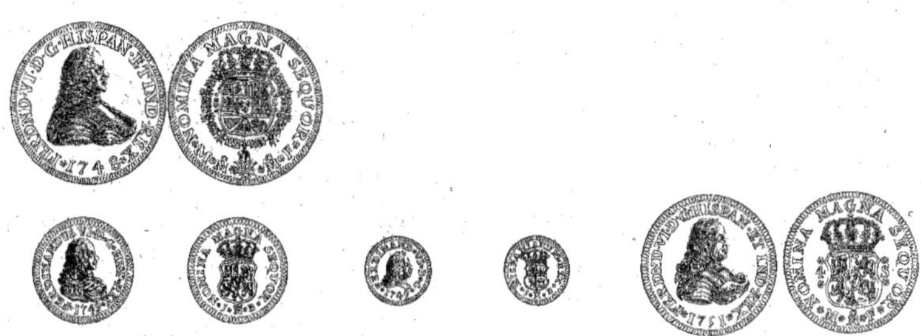

ROIS DE FRANCE.

MONNOIE *de France, Anonyme.*

PHILIPPE VI. *fils de Charles Comte de Valois, & de fa 1re femme Marguerite fille de Charles II. Roi de Sicile, Roi de France l'an 1328. † 1350.*

JEAN *fils de Philippe VI. & de fa 1re femme Jeanne de Bourgogne, Roi de France l'an 1350. fait prifonnier par les Anglois l'an 1356. † 1364.*

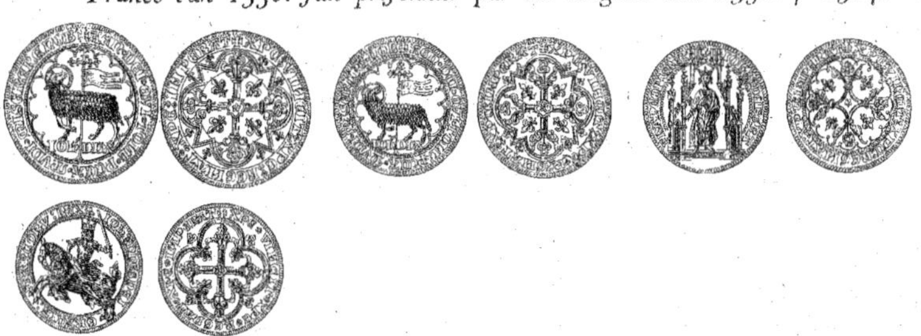

CHARLES V. *dit le sage premier Dauphin de la Famille Roiale, fils ainé du Roi Jean & frere de Philippe le hardi Duc de Bourgogne, Roi l'an 1364. † 1380.*

CHARLES VI. *de Valois fils, de Charles V. dit le sage, & de Jeanne de Bourbon, né l'an 1368. Roi l'an 1380. † 1422.*

CHARLES VIII. *fils de Louis XI. & de sa 2.de femme Charlotte de Savoye né 1470. † 1498.*

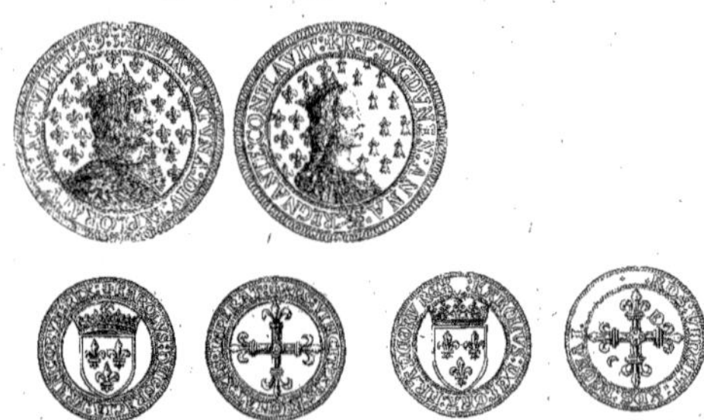

LOUIS XII. *fils de Charles Duc d'Orleans, & de sa 3.e femme Marie de Cléves, né l'an 1462. Roi de France l'an 1498. † 1515.*

FRANCOIS I. *fils de Charles Comte d'Angoulême & de Louise de Savoye, né l'an 1494. Roi l'an 1515. prisonnier à la bataille de Pavie l'an 1525. † 1547.*

HENRI II. *fils de François I. & de sa 1re femme Claude fille de Louis XII. Roi de France, né l'an 1518. Roi 1542. † 1559.*

CHARLES IX. *fils de Henri II. & de Catherine de Médicis, né l'an 1550. Roi 1560. † 1574.*

HENRI III. *frere puiné de Charles IX. né l'an 1551. Roi de Pologne 1573. Roi de France 1754. assassiné l'an 1589.*

FRANCOIS *Duc d'Alençon frere puiné des Rois François II. Charles IX. & Henri III. né l'an 1554. couronné par les Confœderés Duc de Brabant à Anvers, & Comte de Flandres à Gand, l'an 1582. † 1584.*

HENRI IV. *fils d'Antoine Duc de Vendôme & de Jeanne d'Albret Navarre, né l'an 1553. Roi de Navarre 1562. Roi de France 1589. assassiné 1610. & sa 2ᵈᵉ femme Marie de Médicis, † 1643.*

LOUIS XIII. *fils de Henri IV. & de Marie de Médicis, né 1601. Roi de France 1610. † 1643.*

LOUIS XIV. *fils de Louis XIII. & d'Anne d'Autriche fille de Philippe III. Roi d'Espagne, né 1638. Roi 1643. † 1715.*

LOUIS XV. *fils de Louis Duc de Bourgogne & de Marie Adelaïde de Savoye, né l'an 1710. Roi 1715. couronné l'an 1722.*

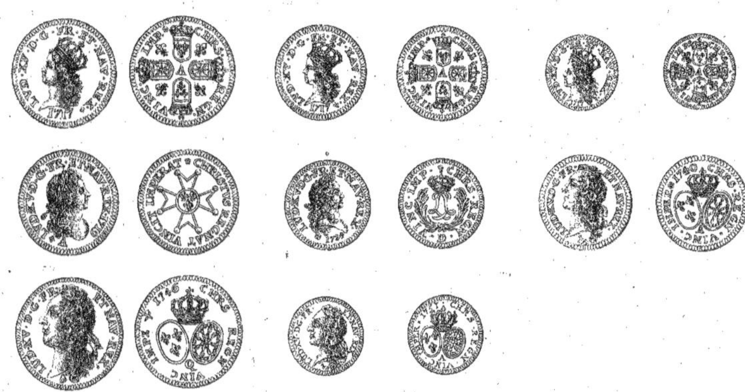

CHARLES ROBERT *dit le Napolitain, fils de Charles Martel & de Clemen-*
te fille de l'Empereur Rodolphe de Habsbourg, Roi de Hongrie l'an 1309.
† 1342.

LOUIS *d'Anjou surnommé le grand, fils de Charles Robert cy deffus, & de sa*
3ᵉ femme Elifabeth de Pologne, né l'an 1526. Roi de Hongrie 1342. Roi
de Pologne 1370. † 1382.

MARIE *d'Anjou fille & héritiere de Louis I. Roi de Hongrie, epoufa Sigis-*
mond depuis Empereur auquel elle réfigna la couronne, & mourut l'an 1392.

SIGISMOND *fils de l'Empereur Charles IV. Roi de Hongrie du chef de sa femme Marie d'Anjou mentionnée cy devant,* † *1437.*

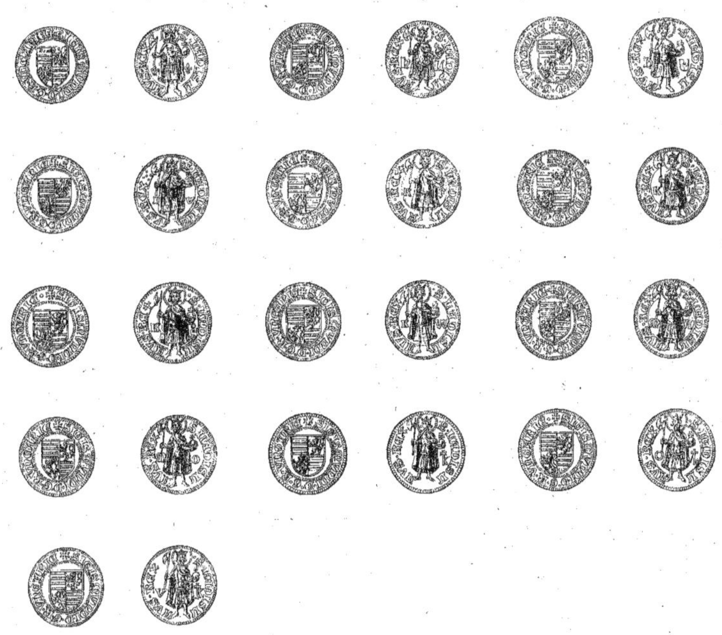

ALBERT *d'Autriche depuis Empereur sous le nom d'Albert II. Roi de Hongrie l'an 1437. du chef de sa femme Elisabeth fille de Sigismond cy dessus, & de Marie d'Anjou,* † *1439.*

WLADISLAS I. *fils de Hedwige sœur cadette de Marie d'Anjou & de Wladislas Jagellon, Roi de Hongrie du chef de sa mere en 1440. tué à la Bataille de Varna l'an 1444.*

JEAN HUNIADE *Corvin Gouverneur du Royaume de Hongrie pendant la mi-*
norité de Ladislas pofthume, fut le Bouclier de la Chretienté contre la
Tyrannie des Infidelles, † *1456.*

LADISLAS POSTHUME *fils d'Elifabéth de Hongrie & d'Albert d'Autriche,*
né l'an 1440. Roi de Bohême & de Hongrie l'an 1453. † *1457.*

MATHIAS *Corvin fils de Jean Huniade, né l'an 1441. Roi de Hongrie l'an*
1458. † *1490.*

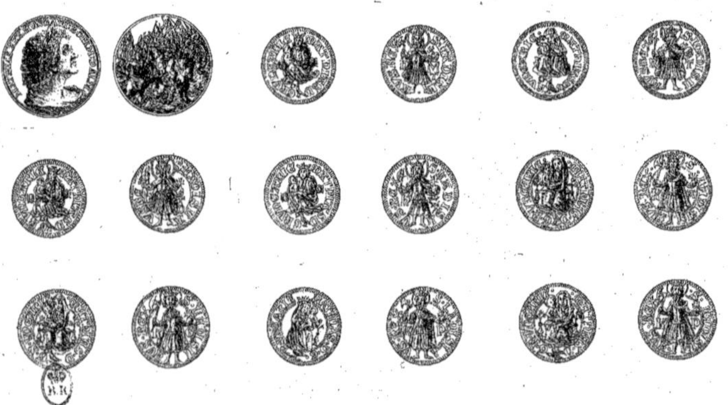

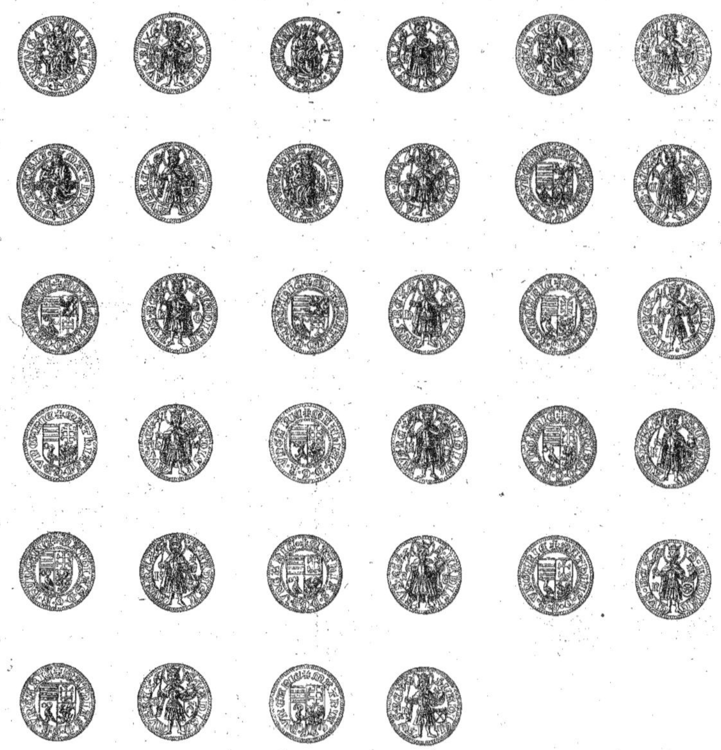

WLADISLAS II. *que quelques uns nomment Ladislas II. fils d'Elisabeth héritière de Hongrie , & de Casimir III. Roi de Pologne , né 1456. Roi de Bohême 1471. Roi d'Hongrie 1490. Empoisonné par les Hussites 1516.*

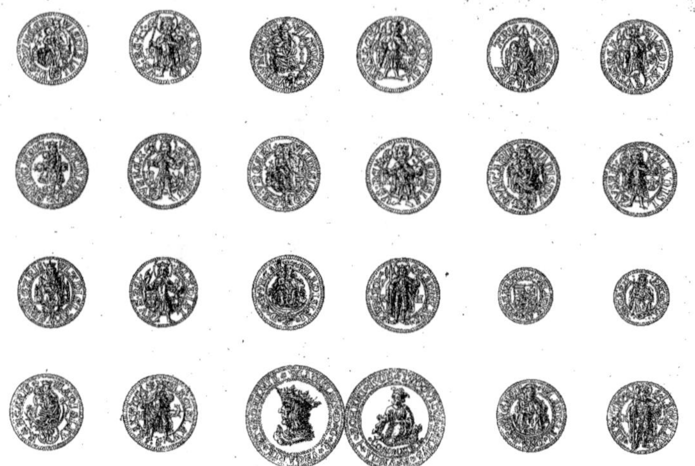

LOUIS II. *dit le Jeune fils de Wladislas VI. & de sa 1re femme Béatrix fille naturelle de Ferdinand Roi de Naples & veuve de Mathias Corvin, né 1506. Roi de Hongrie & de Bohème 1516. tué par les Turcs à la bataille de Mohacz 1526.*

JEAN ZAPOL I. *Comte de Czepuz ou Zips Vaivode de Transylvanie , Elu Roi de Hongrie par la faction oppofée à l'Emp. Ferdinand I. l'an 1526. † 1540.*

ISABELLE *fille de Sigismond I. & de Bonne Sforce Roi & Reine de Pologne, femme de Jean Zapol I. & Régente titulaire de Hongrie , † 1540. & fon fils & pupille Jean Sigismond dit Jean Zapol II. né l'an 1541. pour le malheur de la Hongrie , que lui & fa Mere livrerent aux Infidelles † 1571.*

JEAN ZAPOL II. *fils de Jean Zapol I. & d'Ifabelle cy deffus 1571.*

FERDINAND I. *frere puiné de l'Emp. Charles V. Roi de Hongrie 1527. du Chef de sa femme Anne sœur de Louis II. † 1564.*

MAXIMILIEN II. *fils de Ferdinand I. & d'Anne de Hongrie, né 1563. † 1576.*

RODOLPHE II. *fils de Maximilien II. né 1552. Roi de Hongrie 1572. de Bohême 1575. Emp. 1576. † 1612.*

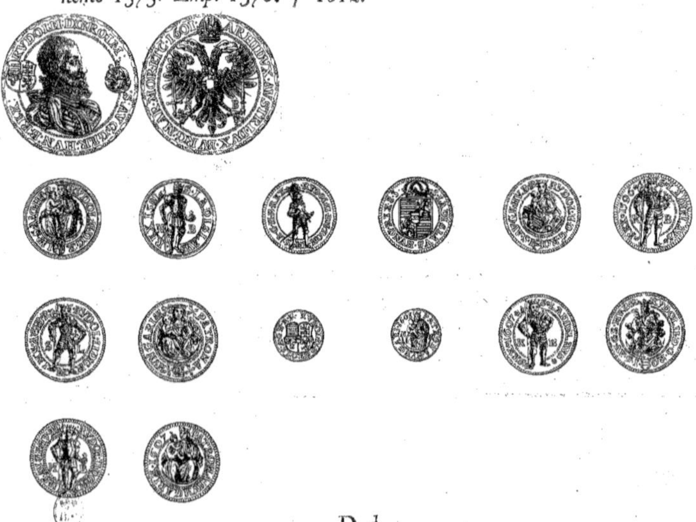

MATHIAS II. *frere puiné de Rodolphe II. Roi 1608. † 1619.*

FERDINAND II. *fils de Charles Archiduc de Styrie, & petit fils de l'Emp. Ferd. I. Roi 1618. † 1637.*

GABRIEL BETHLEN *ou Bethlen Gabor Vaivode de Transylvanie , proclamé Roi de Hongrie par la faction opposée à Ferdinand II. Roi légitime
l'an 1619. † 1629.*

FERDINAND III. *fils de Ferdinand II. né 1608. Roi de Hongrie 1625. Roi
de Bohême 1627. Roi des Romains 1636. Emp. 1637. † 1657. & sa 1re
femme Marie fille de Philippe III. Roi d'Espagne † 1646.*

FERDINAND IV. *fils aîné de Ferdinand III. né l'an 1633. Roi de Bohême 1646. Roi de Hongrie 1647. Roi des Romains l'an 1653. † 1654.*

LEOPOLD *fils puîné de Ferdinand III. Roi 1655. † 1705.*

JOSEPH *fils de l'Emp. Léopold & de sa 3me femme Eléonore Magdelaine de Neubourg, né 1678. Roi de Hongrie 1687. † 1711.*

CHARLES VI. *fils puiné de l'Emp. Léopold, Couronné Roi de Hongrie à Pres-*
bourg. 1712. † 1740.

MARIE THERESE *fille & Héritiére de l'Emp. Charles VI. Couronnée Reine*
de Hongrie 1741.

ROIS DE **NAPLES** ET DE SICILE.

ROGER II. *fils de Roger de Tancarville Comte de Sicile, déclaré Roi des deux Siciles l'an 1130. † 1154.*

GUILLAUME I. *4ᵉ fils de Roger II. & de fa 1ʳᵉ femme Alberique de Caftille Roi des deux Siciles l'an 1154. † 1167.*

TANCREDE *fils naturel de Roger I. & petit fils de Roger II. proclamé Roi des deux Siciles l'an 1189. † 1192.*

FREDERIC II. *de la maifon de Suabe fils de l'Empereur Henri VI. & de Conftance fille & héritière de Roger II. † dans la Pouille l'an 1250.*

CHARLES I. *Comte d'Anjou, fils de Louis VIII. & frere de St. Louis Roi de France, né l'an 1220. s'empara de ce Royaume & fit périr Conradin Duc de Suabe, & Frederic Duc d'Autriche l'an 1268.*

CHARLES II. *dit le Boiteux fils de Charles I. Il époufa Marie fille & héritière d'Etienne V. Roi de Hongrie l'an 1270. couronné Roi de Naples & de Jérufalem l'an 1289. † 1309.*

FERDINAND I. *fils naturel d'Alphonfe V. Roi d'Aragon, & coufin germain de Ferdinand le Catholique, fut legitimé par le Pape Eugene IV. Roi de Naples l'an 1458. † 1494.*

ALPHONSE II. *fils de Ferdinand d'Aragon & de fa 1re femme Ifabelle fille de Triftan Comte de Compertino, né l'an 1448. Roi des deux Siciles 1494. † 1495.*

FERDINAND II. *fils d'Alphonfe II. & petit fils de Ferdinand mentionné cy deffus, né l'an 1469. Roi de Naples 1495. † 1496.*

FREDERIC *frere puiné d'Alphonfe II. né l'an 1452. Roi de Naples l'an 1496. chaffé de fes Etats l'an 1501. † en France 1504.*

FERDINAND III. *dit le Catholique fils de Jean II. Roi d'Aragon & de Jeanne fille de Frederic Amirante de Caftille, né 1453. chaffa les François des Royaumes de Naples & de Sicile 1506. † 1516.*

JEANNE *Reine de Caftille, † 1555. & fon fils Charles III. depuis Empereur fous le nom de Charles V. † 1558.*

CHARLES V. *fils de Philippe I. Roi d'Espagne, & de Jeanne Héritiére de toute la Monarchie d'Espagne, né 1500. Roi 1516. Emp. 1519. abdiqua 1556. † 1558.*

PHILIPPE II. *fils de Charles I. Roi d'Espagne & d'Isabelle de Portugal, né 1527. Roi 1556. † 1598.*

PHILIPPE IV. *fils de Philippe III. & de Marguerite Archid. de Carinthie, né l'an 1605. Roi d'Espagne & des deux Siciles l'an 1621. † 1665.*

CHARLES II. *fils de Philippe IV. né l'an 1661. Roi l'an 1665. † 1700.*

VICTOR *Amédée fils de Charles Emmanuel II. Duc de Savoye, né l'an 1666. Roi de Sicile depuis 1713. jusqu'en 1718. † 1733.*

CHARLES III. *depuis Empereur fous le nom de Charles VI. Roi des deux Siciles l'an 1700. † 1740.*

CHARLES *de Bourbon vulgairement dit Don Carlos fils de Philippe V. né l'an 1716. proclamé Duc de Parme & de Plaifance l'an 1731. couronné Roi des deux Siciles à Palerme l'an 1735.*

ROIS DE NAVARRE.

JEAN II. *fils d'Alain Sire d'Albret & de Francoife de Bretagne Comteffe de Pe-rigord, Roi l'an 1484. † 1516. & fon Epoufe Catherine fille & héritiére de Gafton Comte de Foix, & de Magdelaine de France, Reine de Na-varre l'an 1483. † 1517.*

FERDINAND *le Catholique fils de Jean II. ufurpa le Royaume de Navarre fur Jean d'Albret l'an 1512. † 1516.*

HENRI III. *Roi de Navarre dit Henri IV. Roi de France fils d'Antoine Duc de Vendome & de Jeanne d'Albret, Roi de Navarre 1562. affaffiné l'an 1610. & fa 1re femme Marguerite derniere Princeffe de la maifon des Va-lois, repudiée l'an 1599. † 1615.*

ROIS DE **POLOGNE.**

SIGISMOND I. *fils de Cafimir III. dit IV. & d'Elifabeth fille de l'Emp. Albert II. né l'an 1467. Roi l'an 1506. † 1548.*

SIGISMOND *Augufte II. fils de Sigismond I. & de fa 2de femme Bonne fille de Jean Galeaz Duc de Milan, né l'an 1520. Roi l'an 1548. † 1572.*

ETIENNE BATHORI *Prince de Tranfylvanie né 1533. Elu Roi de Pologne 1575. à caufe de fa femme Anne Sœur du Roi Sigismond Augufte, † 1586.*

SIGISMOND III. *fils de Catherine Sœur de Sigismond Augufte & de Jean Roi de Suede, né 1566. Roi de Pologne 1587. Roi de Suéde 1594. † 1632.*

WLADISLAS IV. *fils de Sigismond III. & d'Anne d'Autriche, né 1595. Roi 1633. † 1648.*

G g

JEAN CASIMIR *frere puiné de Wladislas IV. fils de Sigismond III. & de Conftance d'Autriche fa feconde femme propre fœur de la premiere, né 1609. couronné Roi de Pologne 1649. abdiqua 1668. † en France 1671.*

MICHEL *Koribut Wiefnoviski, Elu l'an 1669. † 1673.*

JEAN III. *Sobieski, né 1624. Elu Roi 1674. † 1696.*

FREDERIC AUGUSTE II. *Electeur de Saxe, né 1670. Roi 1697. forcé d'abdiquer l'an 1706. rétabli 1709. † 1733.*

FREDERIC AUGUSTE III. *fils d'Auguste II. & de Christine Evrardine de Bareith, né 1696. Elu Roi de Pologne 1733. Couronné 1734.*

ROIS DE **PORTUGAL**.

JEAN II. *fils d'Alphonse V. & de sa 2.de femme Isabelle Duchesse de Coïmbre né l'an 1455. succéda l'an 1481. † 1495.*

EMMANUEL *Duc de Béja fils de Ferdinand Duc de Viséo & de Béatrix de Coïmbre, né l'an 1469. Roi 1495. † 1521.*

JEAN III. *fils d'Emmanuel, né l'an 1502. Roi l'an 1521. † 1557.*

SEBASTIEN *fils de Jean Prince de Brésil, & de Jeanne fille de l'Emp. Charles V. né l'an 1554. succéda à son Ayeul l'an 1557. & fut tué ou perdu à la Bataille d'Alcaçer en Affrique 1578.*

PHILIPPE I. *dit II. fils de Charles I. Roi d'Espagne & d'Isabelle de Portugal, né l'an 1527. Roi d'Espagne 1556. Roi de Portugal 1580. † 1598.*

H h

PIERRE II. *fils de Jean IV. & de Louise Marie de Medina Sidonia & frere puiné du Roi Alphonse VI. né 1648. Régent du Royaume 1668. Roi 1683. † 1706.*

JEAN V. *fils de Pierre & petit fils de Jean IV. né l'an 1689. premier Roi de la Maison de Bragance l'an 1707. † 1750.*

JOSEPH I. *fils de Jean V. & de Marie Anne d'Autriche fille de l'Emp. Léopold, né l'an 1714. proclamé Roi le 7. Septemb. l'an 1750.*

ROIS DE **PRUSSE.**

FREDERIC I. *fils de Fred. Guillaume dit le Grand, Electeur de Brandebourg,
né 1657. Sacré Roi de Prusse à Konigsberg 1701. 1713.*

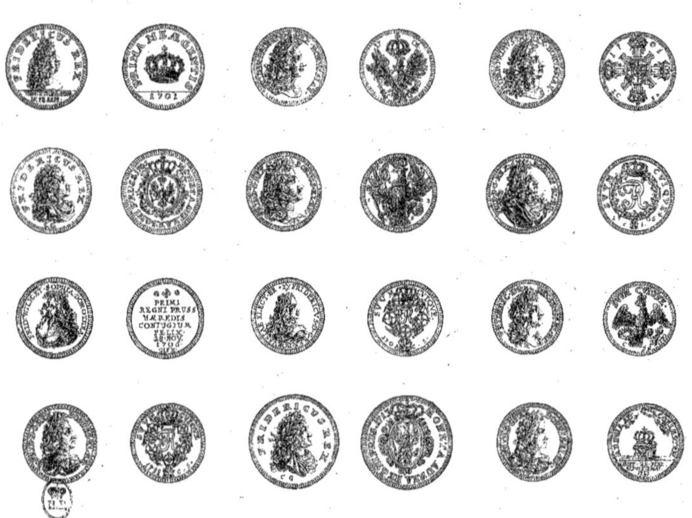

FREDERIC GUILLAUME *fils de Frederic I. & de Sophie Charlotte de Hanovre, né 1688. Roi de Prusse 1713. † 1740.*

FREDERIC II. *fils de Freder. Guill. & de Sophie Dorothée de Hanovre, né 1712. Roi de Prusse 1740:*

ROIS DE SARDAIGNE.

VICTOR AMEDEE *fils de Charles Emmanuel II. né l'an 1666. Roi de Sici-*
le depuis 1713. jusqu'en 1718. Roi de Sardaigne en 1720. abdiqua en 1730.
† 1732.

CHARLES EMANUEL III. *fils de Victor Amédée & d'Anne Marie d'Or-*
leans, né l'an 1701. Prince de Piédmont 1715. Roi de Sardaigne 1730.

ROIS DE **SUEDE.**

JEAN III. *fils de Guſtave Erichſohn & de Marguerite Löwenhaupt frere puiné d'Eric XIV. né 1537. priſonnier 1563. Roi 1568. † 1592.*

SIGISMOND *petit fils de Guſtave Erichſohn, & fils de Jean & de Catherine fille de Sigismond Roi de Pologne, né 1566. Roi de Pologne 1587. Roi de Suéde 1592. détroné 1600. † 1632.*

GUSTAVE ADOLPHE *fils de Charles IX. & de sa 2de femme Christine de Holstein, né 1594. Roi 1611. tué à la Bataille de Lutzen 1632.*

CHRISTINE *fille unique de Guſtave Adolphe, & de Marie Eléonore de Bran-*
debourg, née l'an 1626. Reine de Suéde 1632. abdiqua 1654. † Catholi-
que à Rome 1689.

CHARES GUSTAVE *fils de Catherine Sœur de Roi Guſtave Adolphe & de*
Jean Caſimir Comte Palatin de Deuxponts, né 1622. Roi de Suéde 1654.
† 1660.

CHARLES XI. *fils de Charles Guſtave & de Hedwige Eléonore de Holſtein*
Gottorp, né 1655. Roi 1660. † 1697.

CHARLES XII. *fils de Charles XI. & d'Ulrique Eléonore de Dannemarck, né 1682. couronné Roi de Suéde 1697. défait à Pultawa 1709. & tué à Friderichſtatt en Norwege 1718.*

ULRIQUE ELEONORE *ſœur puinée de Charles XII. née 1688. Reine de Suéde 1719. Mariée à Frederic Landgrave de Heſſe-Caſſel 1715. † 1741.*

FREDERIC *fils de Charles Landgrave de Heſſe-Caſſel, né 1676. aſſocié au trône de Suéde par ſa femme Ulrique Eléonore 1720. † 1751.*

ADOLPHE FREDERIC *fils de Chriſtian Auguſte Duc de Holſtein Eutin, & d'Albertine Frederique de Bade-Durlach, neveu de Hedwige Sophie ſœur ainée de Charles XII. couronné Roi de Suéde le 26. Novem. 1751.*

ELECTEURS ET PRINCES SOUVERAINS
DE L'EMPIRE.
ARCHIDUCS D'AUTRICHE.

ALBERT II. *dit le sage, fils de l'Emp. Albert I. petit fils de l'Emp. Rodol-*
phe I. & frere de l'Emp. Frederic I. † 1358.

SIGISMOND *Archiduc d'Autriche fils de Fred. IV. & d'Elisabeth fille de l'Emp.*
Rupert, né 1427. eut en apanage le Tyrol & l'Alsace en 1439. † 1496.

MAXIMILIEN *fils de l'Emp. Fred. III. & d'Eléonore de Portugal, né 1459.*
marié à Marie héritiére de Bourgogne 1477. Emp. 1493. † à Wels
1519.

PHILIPPE *d'Autriche fils de Maximilien I. & de Marie de Bourgogne né 1478. Roi de Castille 1504. † 1506.*

FERDINAND I. *frere puiné de l'Emp. Charles V. Archiduc d'Autriche, né 1503. Emperur 1556. † 1564.*

FERDINAND *Archiduc de Tyrol fils de l'Emp. Ferd. I. & d'Anne de Hongrie & frere puiné de l'Emp. Maximil. II. né 1529. † 1595.*

MAXIMILIEN *Grand Maitre de l'ordre Teutonique frere puiné des Emp. Rodolphe II. & Mathias, né 1558. † 1620.*

ALBERT *frere puiné de Maximilien cy deſſus , né 1559. † 1621. & ſon Epouſe Claire Iſabelle Eugenie fille de Philippe II. Roi d'Eſpagne , née 1568. mariée 1599. † 1633.*

CHARLES *Archiduc de Styrie troiſiéme fils de l'Emp. Ferdinand I. & d'Anne de Hongrie & frere puiné de Ferdinand mentionné cy deſſus , né 1540. † 1590.*

MARIE *fille d'Albert V. Duc de Baviére , née l'an 1551. Mariée à l'Archiduc Charles cy deſſus, l'an 1570. † 1608.*

FERDINAND *Archiduc d'Autriche & de Carinthie fils ainé de Charles de Styrie cy deſſus, & de Marie de Baviére, né 1578. Emp. ſous le nom de Ferdinand II. 1619. † 1637.*

LEOPOLD *troiſiéme fils de Charles de Styrie, & de Marie de Baviére, frere puiné de l'Emp. Ferdinand II. & de Maximilien Erneſt, né 1586. Evéque de Strasbourg & de Paſſau 1607. marié 1626. † 1632.*

CHARLES *Poſthume frere puiné de Leopold mentionné cy deſſus, né 1590. Evéque de Breslau 1608. de Brixen 1614. & enſuite Grand Maitre de l'ordre Teutonique † 1624.*

LEOPOLD GUILLAUME *frere puiné de l'Emp. Ferdinand III. né l'an 1614. Evéque de Strasbourg & de Paffau l'an 1625. de Halberftadt en 1626. d'Olmutz l'an 1628. Grand Maitre de l'ordre Teutonique la même année † 1662.*

FERDINAND CHARLES *fils de Léopold Archiduc de Tyrol & de Claude de Médicis, né 1628. † 1662.*

SIGISMOND FRANCOIS *frere puiné de Ferdinand Charles , né 1630. Evéque d'Augsbourg 1646. fiancé à Marie Hedwige Palatine de Sultzbach, † avant fon mariage l'an 1665.*

DUCS DE LORRAINE.

RÉNE II. *fils de Ferri Comte de Vaudémont & de Jolanthe fille de René I. Duc de Lorraine en 1473. défit Charles Duc de Bourgogne devant Nancy 1477. † 1508.*

ANTOINE *fils de René II. & de Philippine de Gueldres, né 1490. † à Nancy 1544.*

CHARLES II *vulgairement dit Charles III. fils de François I. & de Chriſtine de Dannemarck, & petit fils du Duc Antoine, né 1543. bâtit la ville neuve de Nancy 1599. † 1608.*

HENRI *dit le bon fils de Charles II. dit III. & de Claude fille de Henri II. Roi de France né 1563. acquit le Marquiſat de Nomeny & le Comté de Saarwerden, & mourut l'an 1624.*

CHARLES III. *vulgairement dit Charles IV. fils de François Comte de Vaudémont, & de Chriſtine de Salm, né l'an 1604. † 1675.*

CHARLES IV. *vulgairement dit Charles V. fils de Nicolas François, & de Claude de Lorraine, né l'an 1643. † 1690.*

LEOPOLD I. *fils de Charles V. & d'Eléonore Marie d'Autriche sœur de l'Emp. Léopold né à Infpruck 1679. rentra dans fes Etats en 1697. & y fit renaître le Siécle d'or, † à Lunéville 1729.*

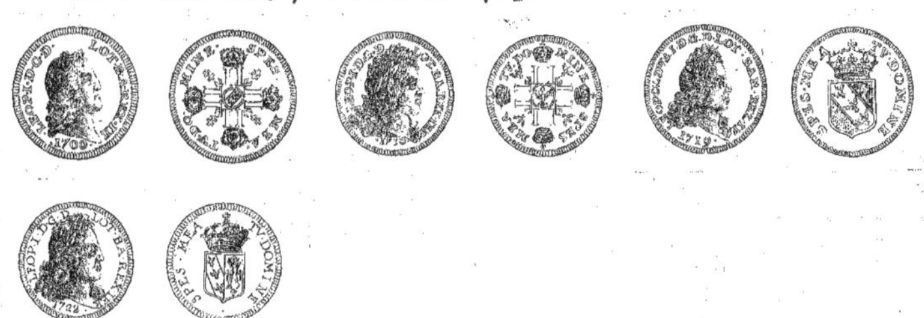

CHARLES *frere de Léopold I. né 1680.   Grand Prieur de Caftille l'an 1693. Evéque d'Olmutz 1695. d'Osnabruck 1698. Electeur de Tréves 1711. † à Vienne 1715.*

FRANCOIS III. *fils de Léopold I. & d'Elifabeth Charlotte d'Orléans, né à Lunéville 1708. Duc de Lorraine 1729. Marié 1736. Grand Duc de Tofcane 1737. Empéreur des Romains & couronné à Francfort 1745.*

MAISON D'ANHALT.

ANHALT - BERNBOURG.

VICTOR FREDERIC *fils de Charles Frederic & de Sophie Albertine de Solms, né 1700. succéda à son pere 1721.*

ANHALT - CÖTHEN.

LOUIS *7ᵉ fils de Joachim Erneft, & de fa 1ʳᵉ femme Eléonore de Würtemberg né l'an 1579. † 1650.*

ANHALT - DESSAU.

JEAN CASIMIR *fils de Jean George 1ʳ & de fa 2ᵈᵉ femme Dorothée Palatine de Simeren, né l'an 1596. † 1660.*

ANHALT - PLÖTZGAU.

AUGUSTE LOUIS *fils puiné d'Immanuel Leberecht Prince d'Anhalt - Cöthen & de Plötzgau, & de Gifele Agnés de Rathen, né l'an 1697.*

M m

ANHALT - ZERBST.

JEAN *fils de Rodolphe Prince d'Anhalt-Zerbst & de sa* 2de *femme Magdelaine d'Oldembourg, né 1621. † 1667.*

JEAN LOUIS *Stadthalter de Jevern, né l'an 1688. & son frere puiné Christian Auguste, né l'an 1690. l'un & l'autre fils de Jean Louis & de Christine Eléonore de Zeitsch.*

MAISON DE BADEN.

BADE - BADEN.

GUILLAUME *fils d'Edouard Fortuné & de Marie d'Eicken, né 1593. † 1677.*

LOUIS GEORGE *Simpertus Margr. de Bade-Baden, né l'an 1702. & sa Mere & Tutrice Françoise Sybille Auguste de Saxe Lawenburg, née l'an 1675. veuve l'an 1707. † 1733.*

BADEN-DURLACH.

CHARLES GUILLAUME *Margr. de Bade-Durlach, fils de Frederic, Magnus, & d'Augufte Marie de Holftein Gottorp, né l'an 1679. † 1738.*

CHARLES AUGUSTE *fils de Chriftophe & de Marie Chriftine de Leiningen né 1712., & Magdelaine Guilmine de Wirtemberg Studtgardt, Veuve de Charles Guillaume Landgrave de Baden-Durlach, l'un & l'autre Adminiftrateurs du Margraviat pendant la Minorité de Charles Frederic.*

CHARLES FREDERIC *fils de Frederic Margr. de Bade-Durlach, & d'Anne Charlotte Amalie de Naffau Dietz, né l'an 1728.*

MAISON DE BAVIERE.

LOUIS *le Riche Duc de Baviére Landshut, fils de Henri le riche, & de Marguerite d'Autriche, né l'an 1417. † 1479.*

ALBERT IV. *dit le fage fils d'Albert III. & de fa 2.de femme Anne de Grubenhagen, né l'an 1447. † 1508.*

GUILLAUME IV. *Duc de Baviére Munich, né l'an 1493. † 1550. & fon frere puiné Louis Duc de Baviére Landshut, né l'an 1495. † fans pofterité l'an 1545. l'un & l'autre fils d'Albert IV. & de Cunegonde fille de l'Emp. Frederic. III.*

ALBERT V. *dit le Magnanime fils de Guillaume IV. & de Marie Jacobée de Baden, né l'an 1528. † 1579. & fon Epoufe Anne fille de l'Emp. Ferdinand I. Mariée l'an 1546. † 1587.*

ANNE *d'Autriche fille de l'Emp. Ferdinand I. époufa Albert V. dit le Magnanime l'an 1546. † 1587.*

GUILLAUME V. *fils d'Albert V. & d'Anne d'Autriche, ne l'an 1548. époufa
Renée de Lorraine l'an 1568. abdiqua l'an 1597. & fe retira à la char-
treufe de Ratisbonne où il mourut, l'an 1626.*

FERDINAND *frere puiné de Guillaume V. tige des Comtes de Baviére War-
temberg, né l'an 1550. † 1608.*

MAXIMILIEN *fils de Guillaume V. né 1573. I. Electeur de Baviére 1623. †
1651.*

FERDINAND MARIE *fils de Maximilien cy deſſus, né 1636. † 1679. &*
ſon Epouſe Adélaide Henriette fille de Victor Amedée Duc de Savoye,
Mariée 1652. † 1676.

MAXIMILIEN EMMANUEL *Electeur, fils de Ferdinand Marie & d'Adélaide*
Henriette de Savoye, né 1662. Gouverneur des pays bas 1692. mis au
ban de l'Empire 1706. rétabli dans ſes Etats 1714. † 1726.

IDEM & sa femme Marie Antoinette fille de l'Emp. Léopold † 1692.

CHARLES ALBERT *fils de Maximilien Marie Emmanuel & de Therese Cunegonde Sobieski, né 1697. proclamé Emp. & couronné comme tel 1742 † 1745.*

MAXIMILIEN JOSEPH *fils de l'Electeur Charles Albert & de Marie Amelie d'Autriche, né 1727. Electeur de Baviére 1745. & son Epouse Marie Anne de Saxe Princesse Royale de Pologne, née 1728. mariée 1747.*

MAISON DE **BRANDEBOURG.**

FREDERIC V. *de Hohenzollern, fils de Jean II. Burggrave de Nuremberg, & d'Elisabeth de Henneberg † 1398.*

ALBERT *surnommé l'Achille de l'Allemagne, fils de l'Electeur Frederic I. & d'Elisabeth de Baviére né l'an 1414. Elect. l'an 1471. † 1486.*

JEAN GEORGE *fils de l'Electeur Joachim II. & de sa 1ᵉ femme Magdelaine de Saxe, né l'an 1525. Electeur l'an 1571. † 1598.*

JOACHIM FREDERIC *fils de Jean George Elect. de Brandeb. & de Sophie de Lignitz, né 1546. Administrateur de Magdebourg 1566. Electeur 1598. † 1608.*

ANNE MARIE *fille de Jean George Elect. de Brandebourg, & de sa 2de femme Sabine d'Anspach, née 1567. Mariée à Barnim XII. Duc de Poméranie, l'an 1582. † 1618.*

JEAN SIGISMOND *fils de Joachim Frederic & de Catherine de Custrin, né 1572. Electeur 1608. † 1619.*

JEAN GEORGE *frere puiné de l'Electeur Jean Sigismond, né 1577. Elu Eveque de Strasbourg par les Protestants 1592. Duc de Jügerndorff 1606. Grand Maitre de Sonneburg 1616. † 1624.*

GEORGE GUILLAUME *fils de l'Electeur Jean Sigismond & d'Anne fille d'Albert Frederic Duc de Prusse, né 1595. Electeur 1619. † 1640.*

FREDERIC GUILLAUME *fils de l'Electeur George Guill. & d'Elisabeth Charlotte Palatine, né 1620. Electeur 1640. † 1688.*

FREDERIC III. *fils de l'Electeur Frederic Guillaume dit le Grand & de Louise Henriette d'Orange, né 1657. Electeur 1688. Roi de Prusse 1701.*

ELISABETH HENRIETTE *fille de Guillaume VI. Landgr. de Heſſe-Caſſel, née l'an 1661. mariée à Frederic III. Electeur de Brandebourg l'an 1679. † 1683.*

BRANDEBOURG - ANSPACH.

ALBERT *frere puiné de George le Pieux, grand Maitre de l'ordre Teutonique en 1512. prémier Duc de Pruſſe en 1525. † 1568.*

GEORGE FREDERIC *fils de George le Pieux & de ſa troiſiéme femme Amelie de Saxe, né 1539. Duc de Jügerndorff &c. † 1603.*

SOPHIE *de Brunfwich-Lunebourg, 2.e femme de George Frederic Margr. d'An-fpach, née à Zell. l'an 1563.* † *1639.*

JOACHIM ERNEST *fils de l'Electeur Jean George & de fa troifiéme femme Elifabeth d'Anhalt, né 1583.* † *1625.*

FREDERIC *né 1616.* † *1634. Albert né 1620.* † *1667. & Chriftian, né 1623.* † *1643. Tous 3. fils de Joachim Erneft & de Sophie de Solms.*

ALBERT *frere puiné de Frederic cy deffus, né l'an 1620.* † *1667.*

JEAN FREDERIC *fils d'Albert un des 3. freres cy deffus, & de Marguerite Sophie d'Oëttigen, né 1654.* † *1686.*

GUILLAUME FREDERIC *troifiéme fils de Jean Frederic & de fa 2de femme Eléonore Erdmuth Louife de Saxe Eifenach, né 1685. † 1723.*

CHRISTINE CHARLOTTE *de Wirtemberg femme de Guillaume Frederic Tutrice & Régente d'Anfpach, né 1694. † 1729.*

CHARLES GUILLAUME FREDERIC *fils de Guill. Fred. & de Chriftine Charlotte de Wirtemberg, né 1712. † 1757.*

IDEM *pour le Mariage de son fils Christian Frederic Charles avec Frederique Charlotte, fille de François Josias Duc de Saxe Saalfeld-Cobourg, né l'an 1735.*

BRANDEBOURG - BAREITH.

FREDERIC *le vieux, né l'an 1460. † 1536. & son frere puiné Sigismond, né l'an 1468. † 1495. tous deux fils de l'Elect. Albert dit l'Achille, & de sa 1ʳᵉ femme Magdelaine de Saxe.*

CASIMIR *Margr. de Culmbach & de Bareith, né l'an 1481. † 1527. & son frere puiné George le Pieux, né 1484. † 1543. l'un & l'autre fils de Frederic le vieux, & de Sophie de Pologne.*

CHRISTIAN *Margr. de Bareith fils de l'Electeur Jean George & frere de l'Electeur Joachim Fred. né 1581. † 1655.*

CHRISTIAN ERNEST *fils d'Erdmann Augufte & de fa 1re femme Sophie d'Anfpach, & petit fils de Chriftian mentionné cy deffus, né 1644. † 1712.*

IDEM, *& fa 2de femme Sophie Louife de Wirtemberg, Mariée l'an 1671. † 1702.*

GEORGE GUILLAUME *fils de Chriftian Erneft & de Sophie Louife de Wirtemberg, né 1678. † 1726.*

GEORGE FREDERIC CHARLES, *fils de Chriftian Henri, & de Sophie Chriftine de Wolffftein, né l'an 1688. † 1735.*

FREDERIC *fils de George Frederic Charles, & de Dorothée de Holstein-Beck né l'an 1711.*

MAISON DE **BRUNSWICH.**

BRUNSWICH - LUNEBOURG - **HANOVRE.**

AUGUSTE *fils de Guillaume le jeune Duc de Zell & de Lunebourg, & de Dorothée de Dannemarck, né l'an 1568. fut Evêque Administrateur de Ratzbourg, & mourut l'an 1636.*

FREDERIC *frere puiné d'Auguste cy dessus, né 1574. † 1648.*

GEORGE *frere puiné de Freder. cy dessus, né 1582. † 1641.*

CHRISTIAN LOUIS *Duc de Zell fils de George & de Anne Eléonore de Hesse-Darmstadt né 1622. † 1665.*

GEORGE GUILLAUME *Duc de Zell frere puiné de Chriſtian Louis cy deſſus né 1624.* † *1705.*

JEAN FREDERIC *Duc de Hanovre frere puiné de George Guillaume cy deſ-ſus, né 1625. Catholique 1651.* † *1679.*

ERNEST AUGUSTE *frere puiné de Jean Freder. cy deſſus né 1629. Evêque d' Osnabruck 1662. créé Electeur de Hanovre 1692. † 1698.*

GEORGE LOUIS *fils d' Erneſt Auguſte & de Sophie Palatine, né 1660. Electeur 1708. proclamé Roi de la grande Bretagne 1714. † à Osnabruck 1727.*

GEORGE II. *fils de George Louis & de Sophie Dorothée fille de George Guillaume Duc de Zell, né 1683. Prince de Galles 1714. couronné Roi d'Angleterre 1727.*

BRUNSWICH · WOLFFEMBUTTEL.

HENRI *le jeune, fils de Henri le vieux dit le Mauvais Duc de Brunsw. Wolf-fembuttel, & de Catherine de Poméranie, né l'an 1489. † 1568.*

FREDERIC ULRIC *fils de Henri Jules Duc de Wolffembuttel, & de fa 2ᵈᵉ femme Elifabeth de Dannemarck, né l'an 1591. 1634.*

AUGUSTE *fils de Henri & frere puiné de Jules de Danneberg Duc de Wolf-fembuttel, né 1579. † 1666.*

RODOLPHE AUGUSTE *Duc de Brunfwich fils ainé d'Augufte cy deffus & de Dorothée d'Anhalt-Zerbft, né 1627. † 1704.*

ANTOINE ULRIC *frere puiné de Rodolphe Auguste, né 1633. † 1714.*

ELISABETH JULIE *femme d'Antoine Ulric & fille de Fred. Duc de Holstein Norburg, née 1634. mariée 1656. † 1704.*

AUGUSTE GUILLAUME *fils d'Antoine Ulric & d'Elisabeth Julienne de Holstein Norburg, né 1662. † 1731.*

LOUIS RODOLPHE *Duc de Blanckembourg & puis de Wolffembuttel, frere puiné d'Auguste Guillaume, né 1671. † 1735.*

FERDINAND ALBERT I. *fils d'Auguste Duc de Brunswich Wolffembuttel, & de sa 3e femme Sophie Elisabeth de Mecklembourg, & frere puiné des Ducs Rodolphe Auguste & Antoine Ulric, né l'an 1636. † 1687.*

FERDINAND ALBERT II. *fils de Ferdinand Albert I. Duc de Brunswich Bévern, & de Christine de Hesse Eschwege, né l'an 1680. † 1735.*

CHARLES *fils ainé de Ferdinand Albert II. & d'Antoinette Amalie de Blanckembourg, né l'an 1713. Epousa Philippine Charlotte de Prusse, l'an 1737.*

ANTOINE ULRIC *frere puiné de Charles, né l'an 1714. Grand Amiral de Ruſſie l'an 1735. Epouſa en 1739. Eliſabeth Catherine fille de Charles Léopold Duc de Mecklemb. & de Catherine de Ruſſie ſœur ainée de l'Imp. Anne Iwanowna, & fut Pere d'Iwan III. né l'an 1740.*

DUCS DE GUELDRES.

GUILLAUME VIII. *fils de Guillaume VII. Duc de Juliers, & de Jeanne fille de Guillaume Comte de Hollande devint Duc de Gueldres l'an 1372. par ſon Mariage avec Marie fille & héritiére de Reinald II. Comte & enſuite Duc de Gueldres, † 1393.*

MARIE *femme de Guillaume VIII. mentionné cy deſſus, † 1401.*

MAISON DE HESSE - CASSEL.

MAURICE *fils de Guillaume IV. dit le sage & de Sabine de Wirtemberg, né 1572. abdiqua 1627. † 1632.*

GUILLAUME V. *fils de Maurice & d'Agnès de Solms (né 1602. † 1637.) comme Administrateur de l'Abbaye de Hirschfeld sur la Riviere de Fuld secularisée par le traité de Munster en faveur de la Maison de Hesse-Cassel l'an 1648.*

AMALIE ELISABETH *l'Héroine de son siécle, fille de Philippe Louis II. Comte de Hanau, née 1602. mariée à Guillaume V. Landgrave de Hesse-Cassel 1619. † 1651.*

GUILLAUME IV. *fils de Guillaume V. & d'Amalie Elisabeth de Hanau, né 1629. † 1663.*

HEDWIGE SOPHIE *Epouse de Guill. VI. fille de George Guill. Electeur de Brandebourg & d' Elisabeth Charlotte Palatine, née 1623. mariée 1649. † 1683.*

CHARLES *fils puiné de Guillaume VI. & de Hedwige Sophie de Brandebourg,* né 1654. † 1730.

FREDERIC *fils de Charles & de Marie Amalie de Curlande, né l'an 1676. Roi de Suéde l'an 1720. † 1751.*

GUILLAUME *frere puiné de Frederic cy deſſus, né l'an 1682.*

HESSE-DARMSTADT.

GEORGE II. *fils de Louis V. & de Magdelaine de Brandebourg, né 1605.*
† 1661.

LOUIS VI. *fils de George II. & de Sophie Eléonore de Saxe, né l'an 1630.*
† 1678.

ERNEST LOUIS *fils de Louis VI. & d'Elifabeth Dorothée de Saxe Gotha,*
né 1667. † 1739.

LOUIS VIII. *fils d' Erneft Louis Landgrave de Heffe-Darmftadt & de Doro-*
thée Charlotte d'Anfpach, né l'an 1691.

HESSE - HOMBOURG.

FREDERIC *fils de Frederic de Hesse - Darmstadt, & de Marguerite Elisabeth de Leiningen, né l'an 1633. † l'an 1708.*

COMTES DE HOLLANDE.

GUILLAUME V. *fils de l'Emp. Louis de Baviére, & de Marguerite héritiére de Hainault, de Hollande, de Zélande & de la Seigneurie d'Oostfrise, fit la Guerre à sa Mere & la chassa de Hollande l'an 1351. il tomba en frénésie, & mourut en prison l'an 1377.*

DUCS DE HOLSTEIN.

HOLSTEIN - GOTTORP.

JEAN ADOLPHE *fils d'Adolphe & de Christine de Hesse , né 1575. Archevêque de Bremen 1585. Evêque de Lubeck 1586. Duc de Gottorp 1590.* † 1616.

JEAN FREDERIC *frere puiné de Jean Adolphe né 1579. Evêque de Lubeck & Archevêque de Bremen 1596.* † 1634.

FREDERIC III. *fils ainé de Jean Adolphe cy dessus & d'Auguste de Dannemarck, né 1597.* † 1659.

CHRISTIAN ALBERT *fils de Frederic III. & de Marie Elifabeth de Saxe, né 1641. Evéque de Lubeck 1655. jufqu'en 1666. qu'il fut retabli dans les Etats affectés à la Maifon de Holftein Gottorp. † 1694.*

AUGUSTE FREDERIC *frere puiné de Chriftian Albert cy deffus, né 1646. Evéque de Lubeck 1666. † 1705.*

FREDERIC IV. *fils de Chriftian Albert, & de Frederique Amalie de Danne-marck, né l'an 1671. tué à la Bataille de Cliffau en Pologne, l'an 1702.*

CHARLES FREDERIC *fils de Frederic IV. & de Hedwige Sophie fœur ai-née de Charles XII. Roi de Suéde, né l'an 1700. Epoufa Anne Pétrowna fille de Pierre le grand Empereur de Ruffie, l'an 1725. † 1739.*

CHRISTIAN AUGUSTE *frere puiné de Frederic IV. né l'an 1673. Coadjuteur de Lubeck l'an 1701. Adminiſtrateur du Duché de Holſtein Gottorp, l'an 1702. † 1726.*

HOLSTEIN - PLÖN.

JEAN ADOLPHE *fils de Joachim Erneſt & de Dorothée Auguſte de Holſtein Gottorp, né 1634. † 1704.*

HOLSTEIN - SCHAUENBOURG.

ERNEST *fils d'Othon V. Comte de Schauenbourg & de Pinnenberg & d'Eliſabeth Urſule de Brunſwich, né 1569. † 1622.*

HOLSTEIN - SUNDERBOURG.

PHILIPPE ERNEST *fils de Chriſtian Duc de Holſtein Sunderbourg - Glucksbourg, & de ſa 2ᵈᵉ femme Agnès Hedwige de Holſtein Sunderburg, né l'an 1673. † 1729.*

Ducs de JULIERS.

GUILLAUME *de Gueldres créé Duc de Juliers l'an 1356. † 1361.*

Ducs de LUXEMBOURG.

WENCESLAS, *fils de Jean Comte de Luxembourg & Roi de Bohéme, & de Béatrix de Bourbon, & frere de l'Emp. Charles IV. qui en sa faveur, érigea le Comté de Luxembourg en Duché, l'an 1354. † sans postérité l'an 1384.*

Ducs de MECKLEMBOURG.

JEAN ALBERT I. *fils d'Albert VI. & d'Anne de Brandebourg, né 1525. † 1576.*

JEAN ALBERT II. *Duc de Mecklembourg Guſtraw fils de Jean IV. & de Sophie de Holſtein, né 1590. † 1636.*

V v

GUSTAVE ADOLPHE *fils de Jean Albert II. & d'Eléonore Marie d'An-halt Bernbourg, né 1633. † 1695.*

ELEONORE *fils de Gustave Adolphe, & de Magdeleine Sibylle de Holstein Gottorp, † 1672.*

MECKLEMBOURG-SCHWERIN.

ADOLPHE FREDERIC I. *Duc de Mecklembourg Schwerin, fils de Jean IV. & de Sophie de Holstein, né 1588. mis au ban de l'Empire l'an 1628. rétabli par les Suédois 1631. † 1658.*

CHRISTIAN LOUIS *fils d'Adolphe Frederic I. & d'Anne Marie d'Ooftfrife, né 1623. Catholique l'an 1663. † 1692.*

FREDERIC GUILLAUME *fils de Frederic de Mecklembourg Grabow, & neveu de Christian Louis cy dessus, né l'an 1675. † 1713.*

CHRISTIAN LOUIS *Administrateur & puis Duc de Mecklembourg Schwerin, succéda à son frere Charles Léopold, l'an 1747.*

ADOLPHE FREDERIC III. *fils d'Adolphe Fredr. II. Duc de Mecklembourg Gustraw, né 1686.*

MAISON DE NASSAU.

NASSAU - DIETZ.

GUILLAUME CHARLES HENRI FRISON, *fils de Jean Guillaume Fri-*
fon, & de Marie Louife de Heffe-Caffel, né l'an 1711. Proclamé Stadt-
houder des Provinces unies, l'an 1747. † 1751.

N AS A US-DILLENBOURG.

HENRI *fils de George Louis Prince de Naffau-Dillenbourg & d'Anne Augufte*
de Brunfwich, né l'an 1641. † 1701.

NASSAU - ORANGE.

MAURICE *Prince d'Orange, fils de Guillaume I. dit le Jeune, Comte de Naf-*
fau, & d'Anne de Saxe fa deuxiéme femme, né 1567.   Gouverneur des
pays bas en 1587. † 1625.

FREDERIC HENRI *fils de Guillaume I. & de fa 3ᵉ femme Charlotte de*
Bourbon Montpenfier, & frere puiné de Maurice cy deffus, né l'an 1584.
† 1647.

NASSAU - WEILBURG.

CHARLES AUGUSTE *Prince de Naffau Weilburg fils du Comte Jean Erneft, & de Marie Polyxene de Leiningen Hartemburg, né 1685.*

MAISON D'OOSTFRISE.

EDZARD II. *né 1532. † 1599. Chriftophe né 1536. † 1566. & Jean, né 1538 † 1591. Tous 3. fils d'Ennon II. Comte d'Ooftfrife & d'Anne d'Oldembourg.*

CHRISTIAN EVRARD *fils de George Chriftian & de Chriftine Charlotte de Wirtemberg, né l'an 1665. † 1708.*

GEORGE ALBERT *fils de Chriftian Evrard & de fa 1.re femme Evrardine Sophie d'Oettingen, né l'an 1690. † 1734.*

X x

ELECTEURS-PALATINS.

RUPERT I. *dit le Roux, fils puiné de l'Electeur Rodolphe le Begue, & de Mathilde fille de l'Emp. Adolphe de Naffau Electeur l'an 1353. † 1390.*

RUPERT II. *fils d'Adolphe le fimple, & d'Irmengarde d'Oettingen, & Pere de l'Empereur Rupert † 1398.*

RUPERT III. *fils de Rupert II. & de Beatrix Palatine de Scheyern, Electeur l'an 1398. Empereur l'an 1400. † 1410.*

FREDERIC *le victorieux, fils de Louis III. & de fa 2.de femme Mathilde de Savoye, né l'an 1425 † 1476.*

PHILIPPE *l'Ingenu, fils de Louis IV. furnommé le paifible, & de Marguerite de Savoye, né l'an 1446. † 1508.*

FREDERIC II. *dit le Sage, fils de Philippe l'Ingénu & de Marguerite de Baviére, né 1483. Elect. Palatin 1544. † 1556.*

OTHON HENRI *dit le Magnanime, né 1502. Elect. 1556. † 1559. & son
frere puiné Philippe le belliqueux, né 1503. † 1548. l'un & l'autre fils de
Rupert le vertueux, & d'Elisabeth de Baviére.*

FREDERIC V. *fils de Frederic IV. & de Louise Julienne d'Orange, né 1596.
Elect. 1610. Roi titulaire de Bohéme 1619. † 1632.*

CHARLES LOUIS *fils de Fred. V. & d'Elisabeth fille de Jaques I. Roi d'Angleterre, né 1617. Elect. 1650. † 1680.*

CHARLES *fils de Charles Louis & de Charlotte de Hesse Cassel, né 1651. Elect.
1680. † le dernier de sa branche, & son Epouse Guilielmine Ernestine fille
de Frederic III. Roi de Dannemarck, née 1650. mariée 1671. † 1706.*

JEAN GUILLAUME *Palatin de Neubourg, fils de l'Electeur Philippe Guillaume, & d'Elisabeth Amalie de Hesse Darmstadt, né l'an 1658. Elect.
l'an 1690. † 1716.*

CHARLES PHILIPPE, *frere puiné de Jean Guillaume, né l'an 1661. Electeur, l'an 1716.* † *1742.*

CHARLES THEODORE *Palatin de Sultzbach, fils de Jean Chriſtian, & de Marie Anne fille & héritiére de François Egon Marquis de Berg-op-Zoom, né l'an 1724. Electeur l'an 1742. & ſa femme & couſine Marie Eliſabeth Palatine de Sultzbach, Mariée l'an 1742.*

DIVERSES BRANCHES DE LA MAISON PALATINE

PALATINS DE BIRCKELFELD ET DE DEUXPONTS.

CHRISTIAN IV. *fils de Chriſtian III. & de Charlotte de Naſſau Saarbruck, né l'an 1722. ſuccéda à ſon Pere, l'an 1735.*

CHARLES PHILIPPE AUGUSTE, *fils de Joſeph Charles Emmanuel Prince héréditaire de Sultzbach, & d'Eliſabeth Auguſte fille ainée de l'Electeur Charles Philippe, né l'an 1725, † 1727.*

PALATINS DE NEUBOURG.

WOLFGANG GUILLAUME *fils de Philippe Louis Palatin de Neubourg & d'Anne fille de Guillaume Duc de Juliers, né 1578. ſe fit Catholique 1614. † 1653.*

PHILIPPE GUILLAUME *Palatin de Neubourg, fils de Wolfgang Guillaume, & de fa 1re femme Magdelaine de Bavière, né 1615. Elect. l'an 1685. † à Vienne, l'an 1690.*

JEAN GUILLAUME *fils de Philippe Guillaume & d'Elifabeth Amalie de Heffe-Darmftadt, né 1658. Elect. Palatin 1690. † 1716.*

PALATINS DE SIMEREN.

RICHARD *Comte Palatin de Simeren, frere de l'Electeur Frederic III. né l'an 1521. † 1598.*

LOUIS HENRI *fils de Louis Philippe de Simeren, & de Marie Eléonore de Brandebourg, né 1640. † 1673. fans pofterité.*

PALATINS DE WELDENTZ.

LEOPOLD LOUIS *fils de George Guftave Comte Palatin de Lutzelftein de Lautereck & de Weldents, né 1625. † 1694.*

DUCS DE POMERANIE.

JEAN FREDERIC, *fils de Philippe I. Duc de Pomeranie Wolgaſt, & de Marie de Saxe, né l'an 1542. † 1600.*

PHILIPPE II. *fils de Bogislas XIII. Duc de Barth, & de Claire de Lunebourg, né 1573. † 1618.*

FRANCOIS, *frere puîné de Philippe II. né l'an 1577. Evêque de Camin, l'an 1600. † 1620.*

BOGISLAS XIV. *frere puîné de François cy deſſus, dernier Duc de Pomeranie, né 1580. Evêque de Camin, 1622. † 1637.*

MAISON DE SAXE.
BRANCHE ERNESTINE.

FREDERIC *le Sage fils ainé d'Erneſt Electeur de Saxe & d'Eliſabeth de Ba-*
viére, né 1463. Elect. 1486 † 1525.

BRANCHE ALBERTINE.

ALBERT *le Courageux fils de de Frederic II. & de Marguerite d'Autriche, né*
l'an 1443. † l'an 1500.

AUGUSTE, *fils de Henri le pieux, & de Catherine de Mecklembourg, né l'an*
1526. Electeur l'an 1553. † 1586.

SOPHIE *fille de Jean George Elect. de Brandeb. femme de Chriſtian I. Elect.*
de Saxe, née l'an 1568. Mariée l'an 1582. † 1622.

CHRISTIAN II. *né 1583. Elect. l'an 1591. † 1611. Jean George II. né 1585.*
Elect. 1611. † 1656. & Auguste, né 1589. † 1615. tous les trois fils de
Christian I. & de Sophie de Brandeb.

JEAN GEORGE I. *frere puiné de Christian II. né 1585. Elect. 1611. † 1656.*

JEAN GEORGE II. *fils de Jean George I. & Magdelaine Sybille de Brandeb.*
Pruffe, né 1613. Elect. 1656. † 1680.

JEAN GEORGE III. *fils de Jean George II. & de Magdelaine Sybille de Ba-*
reith, né 1647. Elect. 1680. † 1691.

JEAN GEORGE IV. *fils de Jean George III. & d'Anne Sophie de Danne-marck, né 1668. Elect. 1691. † 1694.*

ANNE SOPHIE, *fille de Frederic III. Roi de Dannemarck, & femme de l'Electeur Jean George III. née 1647. Mariée l'an 1666. † 1717.*

FREDERIC AUGUSTE II. *fils de Jean George III. & d'Anne Sophie de Dannemarck, & frere puiné de Jean George IV. cy deffus, né l'an 1670. Elect. 1694. Roi de Pologne 1697. † 1733.*

FREDERIC AUGUSTE II. *dit* III. *fils de Frederic Aug. I. dit II. & de Christienne Evrardine de Bareith, né 1696. Elect. 1733. Elu Roi de Pologne la même année.*

SAXE - **ALTMBOURG.** ETEINTE L'AN 1672.

FREDERIC GUILLAUME I. *fils de Jean Guill. Duc de Saxe Weimar, & de Dorothée Sufanne fille de Frederic III. Elect. Palatin. né 1462. Duc d'Altembourg l'an 1573. † 1602.*

JEAN PHILIPPE *né 1597. † 1639. & fon frere puiné Frederic, né 1599. tue l'an 1625. Jean. Guill. frere puiné de Frederic, né 1600. † 1632. & Frederic Guill. frere puiné de Jean Guill. né 1603. † 1669. tous 4. fils de Frederic Guill. I. cy deffus, & d'Anne Marie de Neubourg.*

FREDERIC GUILLAUME II. *le 4.e des freres cy deffus, né 1603. fuccéda à fon frere Jean Philippe 1639. † 1669.*

DOROTHEE SOPHIE, *fille de Frederic Guillaume I. & de fa Ire femme Sophie de Wirtemberg, née 1587. Abbeffe de Quedlimbourg l'an 1618. † 1645.*

SAXE · COBOURG. ETEINTE L'AN 1699.

ALBERT *le 2ᵈ des 7. fils d'Erneft le Pieux, & d'Elifabeth Sophie de Saxe Altembourg, né 1648. fait Duc de Cobourg 1680. † 1699.*

SAXE · EISENACH. ETEINTE L'AN 1741.

JEAN ERNEST *Duc de Saxe Eifenach fils de Frederic II. Duc de Saxe-Gotha, & d'Elifabeth fille de Frederic III. Elect. Palatin, né 1566. † 1638.*

JEAN GUILLAUME *fils de Jean George & de Jeanne fille d'Erneft Comte de Sayn, né 1666. † 1729.*

SAXE - EISENBERG. ETEINTE L'AN 1707.

CHRISTIAN *Duc de Saxe Eifenberg le 5me des fils d'Erneft le Pieux, né 1653 † 1707.*

SAXE - GOTHA.

ERNEST *le Pieux Duc de Saxe - Gotha fils de Jean Duc de Saxe Weimar, & de Dorothée Marie d'Anhalt, né 1601. † 1675.*

FREDERIC I. *fils ainé d'Erneft le Pieux Duc de Saxe Gotha, & d'Elifabeth Sophie de Saxe Altenbourg, né 1646. † 1691.*

FREDERIC II. *né 1676. † 1732. & Jean Guillaume, né 1677. † à Toulon l'an 1707. l'un & l'autre fils de Frederic I. Duc de Saxe Gotha, & de Magdelaine Sybille de Saxe Hall, & leurs Oncles paternels & Tuteurs Bernard Duc de Saxe Meinungen & Henri Duc de Saxe Römhild.*

FREDERIC III. *fils de Frederic II. & de Magdelaine Augufte d'Anhalt Zerbft, né l'an 1699. fuccéda l'an 1732.*

SAXE- **LAWENBOURG.** ETEINTE L'AN 1689.

JULES HENRI, *fils de François II. & de fa 2de femme Marie de Brunswich, né l'an 1586. † 1665.*

JULES FRANCOIS *dernier Duc de Saxe Lawenbourg fils de Jules Henri & d'Anne Magdelaine de Lobkowitz, né 1641. † 1689.*

SAXE-MEINUNGEN.

BERNARD *Duc de Saxe Meinungen* 3ᵉ *fils d' Erneſt le Pieux Duc de Saxe Gotha, né 1649.* † *1706.*

ERNEST LOUIS *fils de Bernard, & de ſa* 1ʳᵉ *femme Marie Hedwige de Heſ-ſe Darmſtadt, né 1672.* † *1724. & ſa* 2ᵈᵉ *femme Eliſabeth Sophie de Brandebourg, nee 1674.*

SAXE-RÖMHILD ETEINTE L'AN 1710.

HENRI 4ᵉ *fils d' Erneſt le Pieux Duc de Saxe Gotha & d' Eliſabeth Sophie de Saxe Altembourg, né 1650.* † *1710.*

SAXE-SAALFELD.

JEAN ERNEST *Duc de Saxe Saalfeld* 7ᵉ *fils d' Erneſt le Pieux, né 1658.* † *1729.*

SAXE-SAALFELD.

CHRISTIAN ERNEST, *né l'an 1683. † 1745. & son frere puiné François
Josias, né l'an 1697. l'un & l'autre fils Jean Erneft.*

FRANCOIS JOSIAS *cy deffus, feul.*

SAXE-WEIMAR.

JEAN ERNEST *le jeune né l'an 1594. † 1626. & ses 7. freres Tiges de diverses
Branches de la Maison de Saxe & furtout de celle de Weimar, tous fils
de Jean Duc de Saxe Weimar & de Dorothée Marie d'Anhalt.*

BERNARD *Duc de Saxe Weimar, le dernier des 8. freres cy deffus, né l'an
1604. † 1639.*

GUILLAUME *le 5ᵉ des 8. freres cy deffus, né l'an 1598. † 1662. fur la
mort de fon fils Jean Guillaume, né 1630. † 1639.*

ERNEST AUGUSTE CONSTANTIN, *fils d'Ernest Auguste, & de sa* 2^{de}
femme Sophie Charlotte Albertine de Brandeb. Bareith, né l'an 1737.

SAXE - # W E I S S E N F E L S. ETEINTE L'AN 1746.

AUGUSTE *Tige des Ducs de Saxe Weissenfels fils de l'Electeur Jean George
I. & de Magdelaine fille d'Albert Freder. Marggrave de Brandeb. né l'an 1614.
Administrateur de Magdeb. 1628. † 1680.*

SAXE · # Z E I T Z.

MAURICE *fils de l'Elect. Jean. George I. né l'an 1619. Administrateur de Naum-
bourg 1650. † 1681.*

LANDGRAVES DE THURINGE.

ELISABETH *fille d'André II. & Soeur de Bela IV. l'un & l'autre Roi de Hongrie, née l'an 1207. Mariée à Louis VI. dit le S.t Landgr. de Thuringe l'an 1221. † 1231. & Canonisée par le Pape Grégoire IX. l'an 1235*

MAISON DE WIRTEMBERG.

ULRIC *fils de Henri & d'Elisabeth des Deux ponts, né l'an 1487. Luthérien l'an 1536. † 1550.*

WIRTEMBERG - NEUSTADT.

CHARLES RODOLPHE *fils de Frederic Duc de Wirtemb. Neuſtädt & de Claire Auguſte de Brunswich, né l'an 1667. Adminiſtrateur du Duché juſqu'à l'an 1737. † 1742.*

WIRTEMBERG - STUTGART.

JEAN FREDERIC *Tige de la ligne de Wirtemb. Stutgart, fils de Frederic & de Sybille d'Anhalt, né 1585. † 1628.*

EVRARD III. *fils de Jean Frederic, & de Barbe Sophie de Brandebourg, né l'an 1614. † 1674.*

FREDERIC CHARLES, *fils puiné d'Evrard III. Duc & Administrateur de Wirtemberg pendant la minorité de son neveu Evrard Louis, né l'an 1652. † 1698.*

EVRARD LOUIS *fils de Guillaume Louis & de Magdeleine Sybille de Hesse Darmstadt, né 1676. succéda 1693. † 1733.*

CHARLES ALEXANDRE, *fils ainé de Frederic Charles , né l'an 1684.
† 1737. & son Epouse Marie Auguste de la Tour & Tassis , née l'an
1706. Mariée l'an 1727.*

CHARLES *fils de Charles Alexandre , né l'an 1728.*

WIRTEMBERG · O E L S.

SYLVIUS FREDERIC, *fils de Sylvius Nemrod., né l'an 1651. † 1697. &
son Epouse Eléonore Charlotte de Wirtemberg Montbeliard, née l'an 1656.
Mariée l'an 1672. Catholique l'an 1702.*

CHRISTIAN ULRIC *Duc de Bernstadt frere puiné de Sylvius Frederic & son Héritier, né l'an 1652. † 1704.*

MONNOIE *natale de Christian Erdman fils de Christian Ulric & de sa 2ᵈᵉ femme Sybille Marie de Saxe Mersebourg, né l'an 1686. † peu de tems aprés.*

CHARLES FREDERIC *Duc de Wirtemberg de Munsterberg & d'Oels, fils ainé de Christian Ulric & de sa 2ᵈᵉ femme Sybille Marie de Saxe Merse-bourg, né 1690.*

WIRTEMBERG - OELS JULIUSBURG.

CHARLES *fils de Jules Sigismond Duc de Wirtemb. Oels Juliusburg & d'An-ne Sophie de Mecklembourg Schwerin, né l'an 1682. † 1745.*

PRINCES
COMTES ET BARONS DE L'EMPIRE.
AUERSPERG.

JEAN WEICHARD *fils de Théodoric Comte d'Auersperg & de Sidonie de Gallenstein, né 1615. Grand Maître de la Cour de l'Archiduc Ferdinand IV. Prince d'Empire l'an 1653. Duc de Munsterberg 1664. † 1677.*

BENTHEIM.

MAURICE *fils d'Adolphe Comte de Bentheim & de Tecklenbourg & de Marguerite de Nassau, né l'an 1615. † 1674.*

BUCHEIM.

JEAN CHRISTOPHE III. *Comte de Bucheim ou Pucheim de Gellersdorf fils de Jean Christophe II. & de Susanne Baronne de Hofkirchen, † 1657.*

CROY.

ERNEST BOGISLAS *Duc de Croy Prince d'Empire fils d'Erneft Duc de Croy, né l'an 1620. † 1684.*

DIETRICHSTEIN.

SIGISMOND *fils cadet de Pancrace Baron de Dietrichftein en Carinthie, né l'an 1484. † 1538. & fa femme Barbe de Rothal Barone de Talberg †*

SIGISMOND LOUIS *Comte de Dietrichftein Baron de Hollenburg de la ligne de Weichfelftadt, † 1698.*

SIGISMOND HELFRID *Comte de Dietrichftein de la ligne de Weichfel-ftadt fils de Sigismond Louis & d'Anne Marie Comteffe de Meggau, † 1698.*

FERDINAND *Prince de Dietrichſtein fils de Maximilien, né 1636. reçut de l'Empereur Leopold la Seignerie de Traſp dans les Griſons l'an 1686. † 1698.*

CHARLES LOUIS *fils de François Adam Comte de Dietrichſtein & de Marie Roſine de Trautmansdorff*, † *1732.*

EGGENBERG.

JEAN ULRIC *Baron d'Eggenberg fils de Sigfrid & de Benigne de Gallenſtein né 1568. fait Prince d'Empire l'an 1623. † 1634.*

JEAN ANTOINE *Prince d'Eggenberg Duc de Crumlau, fils de Jean Ulric, né 1610. † 1640.*

JEAN CHRISTIAN *Prince d'Eggenberg, né l'an 1641. † 1710. & son frere puiné Jean Seifried, né l'an 1644. † 1613. l'un & l'autre fils de Jean Antoine cy dessus & d'Anne Marie de Bareith.*

E H R E N F E L S.

THOMAS *de Schawenstein Baron de Ehrenfels, fils de Gaspard & d'Ursule Planta*

JULES OTHON *de Schawenstein Baron d'Ehrenfels 3e fils de Jules Othon & d'Elisabeth de Pappenheim.*

THOMAS II. *de Schawenstein Baron d'Ehrenfels.*

 E H R E N F E L S.

GEORGE PHILIPPE *de Schawenſtein libre Baron d'Ehrenfels frere puiné de Thomas le jeune & de Jules Othon III.*

THOMAS FRANCOIS *de Schawenſtein Baron d'Ehrenfels Sg.r de Reichnau.*

ANTOINE *de Schawenſtein libre Baron d'Ehrenfels & de Buol Seigneur de Reichnau & de Tamintz.*

FUGGER.

MAXIMILIEN FUGGER *libre Baron de Kirchberg & de Waſſerburg Seign. de Rab, né 1587. † 1629.*

FURSTEMBERG

JOSEPH *fils de Proſper Ferdinand Comte de Fürſtemberg & d'Anne Sophie de Königseck Rotenfels, né l'an 1699. fait Prince d'Empire l'an 1716.*

GRONSFELD.

HERMANN II. *Comte de Bronfchorft & de Gronsfeld, † 1556. & fon Coufin Théodoric, † 1558.*

HAG.

LADISLAS *dernier Comte de Hag en Baviére fils de Léonard & d'Amalie de Leuchtenberg, † au chateau de Hag, fans pofterité, l'an 1567.*

HANAU.

JEAN REINHARD I. *fils de Philippe V. Comte de Hanau Lichtemberg & de Marguerite Louife Comteffe de Bitfch & d'Ochfenftein, né 1568. † 1625.*

FREDERIC CASIMIR *fils de Philippe Wolfgang Comte de Hanau & de Jeanne d'Oettingen, né 1623. † 1685.*

PHILIPPE REINHARD *fils de Jean Reinhard Comte de Hanau & d'Anne Magdelaine de Birckenfeld, né 1664. † 1712.*

JEAN REINHARD III. *frere puiné de Philippe Reinhard Comte de Hanau,*
　　né l'an 1665. † 1731.

H A T Z F E L D.

SEBASTIEN *fils de Guillaume Comte de Hatzfeld dans le Cercle du haut Rhin*
　　& de Gleichen en Thuringe.

MELCHIOR *Comte de Hatzfeld & de Gleichen fils de Sebaſtien cy deſſus, & de*
　　Lucie de Sickingen, né l'an 1593. † 1658.

HERMANN *Comte de Hatzfeld & de Gleichen frere puiné de Melchior cy*
　　deſſus, né l'an 1603. † 1677.

H E L F E N S T E I N.

FROBENIUS 5ᵐᵉ *fils de George Comte de Helfenſtein & d'Apolonie Comteſſe*
　　de Zimmern, leur fils George Guillaume, † 1626. a été le dernier Comte
　　de Helfenſtein.

HOHENLOE.

MONNOIE *commune des Comtes de Hohenloe.*

JEAN FREDERIC *Comte de Hohenloe Oeringen fils de Crato & de Sophie de Birckenfeld, né l'an 1617. † 1702.*

WOLFGANG JULES *frere puiné de Jean Frederic cy deffus, né l'an 1622. † 1698.*

CHARLES LOUIS *Comte de Hohenloe Weichersheim fils de Jean Fred. & de Louife Amœna de Holftein Sunderbourg, né l'an 1674.*

LOUIS GUSTAVE *9.me fils de George Frederic Comte de Hohenloe Schillings-furft, & de Dorothée Sophie de Solms, né l'an 1634. † 1697.*

PHILIPPE ERNEST *de la ligne de Schillingsfurft, né l'an 1663. Charles Phi-lippe, né 1702. Jofeph Antoine, né 1707. & Ferdinand † 1747. ces 3. derniers de la ligne de Hohenloe Bartenftein.*

CHARLES PHILIPPE *fils de Philippe Charles Comte de Hohenloe Barten-
stein, & de Sophie Leopoldine de Heſſe Rheinfels, né l'an 1702.*

JOSEPH *frere puiné de Charles Philippe, né l'an 1707.*

HOHNSTEIN

ERNEST VI. *fils d'Erneſt V. Comte de Hohnſtein & d'Anne de Bentheim,† 1562.*

ERNEST VII. *fils de Wolckmar & de Marguerite fille de Wolfgang Comte
de Barbi, † 1593.*

KEVENHÜLLER.

CHRISTOPHE *fils d'Auguſtin Comte de Kevenhüller & de Sigune de Weis-
priack, né l'an 1504. † 1557.*

KÖNIGSEG.

FRANCOIS HUGUES, *ne l'an 1698. Charles Ferdinand né 1696. Christian Maurice Eugene, né 1705. Maurice Frederic, né l'an 1708. Tous les 4. fils d'Albert Eusebe Comte de Königseg Rotenfels & de Claire Philippine fille de Valentin Ernest Comte de Manderscheid Blanckenheim.*

FRANCOIS HUGUES *cy dessus seul.*

LICHTENSTEIN.

CHARLES *Seigneur de Lichtenstein fils de Hartman IV. & d' Anne Marie Comtesse d'Ortembourg, créé Prince de Lichtenstein par l' Emp. Rodolphe II. l'an 1618. & ensuite Duc de Troppau & de Jägerndorff en Silesie, † l'an 1627.*

JOSEPH JEAN ADAM *Prince de Lichtenſtein fils d'Antoine Florian, né l'an 1690. † 1732.*

JOSEPH WENCESLAS *fils de Philippe Erasme & de Chriſtine Thereſe de Löwenſtein Wertheim, né l'an 1696.*

LIPPE

SIMON HENRI *fils de Herman Adolphe Comte de Lippe Detmold & d'Erneſtine d'Iſenbourg Offenbach, né 1648. † 1697.*

FREDERIC ADOLPHE *fils de Henri cy deſſus & d'Amalie de Dohna, né 1667. † 1718.*

SIMON HENRI ADOLPHE *fils de Frederic Adolphe Comte de Lippe Det-mold & de Jeanne Elisabeth de Nassau Dillenburg, né l'an 1694.*

LOBKOWITZ.

FERDINAND *Duc de Sagan Prince de Lobkowitz fils de Wenceslas Eusebe, & de sa 2.de femme Auguste Sophie de Sultzbach, né l'an 1655. † 1715.*

LOEWENSTEIN.

MAXIMILIEN CHARLES *Comte de Lœwenstein de la Branche de Roche-fort, fils de Ferdinand Charles & d'Anne Marie de Furstemberg, né 1656. fait Prince 1711. † 1718.*

CHARLES THOMAS *fils de Dominique Marquard Prince de Lœwenstein Wertheim & de Christine Françoise Polyxene de Hesse Wanfried, né 1714.*

MANSFELD

BRUNO II. *dit le vieux † 1615. & ſes Couſins Germains, ſçavoir, Guillaume de la ligne d'Arnſtein, † 1626. Jean George Comte de Mansfeld Artern, † 1631. & Wolrath Comte de Mansfeld Artern, † 1627.*

WOLRATH VI. *fils de Jean Hoyer II. Comte de Mansfeld Artern, né l'an 1560. † 1627. Wolfgang III. Comte de Mansfeld Bornſtaedt, né 1575. † 1638. & Jean George II. fils de Joſt II. Comte de Mansfeld Eisleben, né l'an 1593. † 1647.*

WOLFGANG III. *fils de Bruno II. Comte de Mansfeld Bornſtaedt, né l'an 1575. † 1638. & Jean George II. Comte de Mansfeld Eisleben mentionné cy deſſus.*

CHARLES ADAM *fils de Wolfgang III. & de Sophie Schenckin de Tautenberg, né l'an 1629. † 1662.*

CHRISTIAN FREDERIC *fils d'Erneſt VI. né 1615. † 1666.*

FRANCOIS MAXIMILIEN *né l'an 1639. † 1692. & son frere puiné Henri François Prince de Mansfeld & de Fondi, né 1641. † 1715.*

HENRI FRANCOIS III. *fils de Charles François Prince de Mansfeld & de Fondi, né l'an 1712.*

M O N T F O R T

ANTOINE *Comte de Montfort Brégents, né l'an 1670.*

ERNEST *fils d'Antoine Comte de Montfort, & de Marie Anne Maximiliene Comtesse de Thun, né 1700.*

FRANCOIS XAVIER *fils d'Ernest Comte de Montfort & de Marie Antoinette Eusebe de Trusches Waldpurg, né l'an 1722.*

NOSTITZ.

ANTOINE JEAN *Comte de Noſtitz fils de Jean Hartwich Comte de Noſtitz & de Reineck Burgrave d'Egra de la ligne de Tſchochau, & de Eléonor Marie de Lobkowitz, épouſa Marie Thereſe de Herberſtein, l'an 1682.*

OETTINGEN.

WOLFGANG *dit le beau fils de Guillaume Comte d'Oettingen & de Eeatrix della Scala, † 1522.*

CHARLES WOLFGANG, *† 1549. & Louis XV. † 1557. l'un & l'autre fils de Wolfgang cy deſſus, & d'Anne de Waldpurg.*

ALBERT ERNEST I. *fils de Joachim Erneſt Comte d'Oettingen & d'Anne Dorothée de Hohenloe, né 1642. fait Prince d'Empire l'an 1674. † 1683.*

ALBERT ERNEST II. *fils d'Albert Erneſt I. Prince d'Oettingen, né l'an 1669. decédé le dernier de ſa branche, l'an 1731.*

OLDENBOURG.

ANTOINE *Gunther dernier Comte d'Oldenbourg & de Delmenhorst, Seigneur de Jevern & de Kniphausen fils de Jean XVI. né l'an 1583. † 1667.*

ORTEMBOURG.

CHRISTOPHE *Cardinal de Vidman Comte d'Ortembourg en Carinthie, fils de Jean Vidman Facteur du Comptoir d'Allemagne à Venise, † 1660.*

PAPPENHEIM.

FREDERIC FERDINAND *fils ainé de Christian Ernest Comte de Pappenheim & d'Eve Reine de Zocha, né l'an 1698.*

PORCIA.

ANNIBAL ALPHONSE EMMANUEL *Prince de Porcia dans le Frioul, fils de Jerome Comte de Porcia.*

RADZIVIL.

BOGISLAS RADZIVIL *Duc de Birʒe en Samogitie, de Neswies & de Sluck dans le Palatinat de Novogrodeck, & Prince du S.ᵗ Empire, né l'an 1620. † 1669.*

LOUISE CHARLOTTE *fille & héritiére de Bogislas cy deſſus, née l'an 1667. Mariée en 1.ʳᵉˢ noces à Louis de Brandebourg l'an 1680. & en 2.ᵈᵉˢ à Charles Philippe Elect. Palatin, l'an 1688. † 1695.*

RANTZOW.

CHRISTIAN *Comte de Rantʒow Seig.ʳ de Breitenberg, né l'an 1614. † 1663.*

DETHLEF *ou* **DETLAU** *Comte de Rantʒow & de Lowenholm, Seig.ʳ de Breitenberg, fils de Chriſtian, né l'an 1644. † 1697.*

RECHEIM.

MONNOIE *des Barons aujourd' hui Comtes de Recheim au deſſous de Maſtricht apartenant à la maiſon d'Aſpremont.*

REUSS

HENRI V. *Comte de Reuſs Rothenthal fils de Henri V. de la ligne d'Unter-grätz & d'Anne Marie Reingrave de Neuville, né l'an 1645. † 1698.*

HENRI *Poſthume Comte de Reuſs & de Plauen de la ligne de Géra fils de Henri le jeune & de Dorothée de Solms Laubach, né l'an 1572. † 1635.*

ROSEMBERG

GUILLAUME URSINI *Comte de Roſemberg Bourgrave de Prague, ne l'an 1535. † 1592.*

PIERRE WOCK DE ROSEMBERG *frere puiné de Guillaume mentionné cy deſſus, né 1539.* † *1612.*

SAYN WITTGENSTEIN.

JEAN *fils de Louis Comte de Sayn Wittgenſtein & de Julienne de Solms Braunfels, né 1601.* † *1657.*

GUSTAVE *le 4.ᵉ des 18. Enfans de Jean Comte de Sayn Wittgenſtein, né 1633.* † *1701.*

SCHLICK.

HENRI *fils de George Erneſt de Schlick Comte de Paſſan.*

FRANCOIS ERNEST *fils de Henri Comte de Schlick & d' Anne Marianne de Salm Neuburg † 1675.*

FRANCOIS JOSEPH *fils ainé de François Erneft né 1656. † 1739.*

S C H W A R T Z B O U R G.

CHRISTIAN GUILLAUME *né 1647. elevé à la dignité de Prince d' Em pire, l'an 1697. † 1721. & fon frere puiné Antoine Gunther II.*

ANTOINE GUNTHER II. *fils puiné d' Antoine Gunther I. Comte de Schwartzbourg Sondershaufen, né 1653. prit le titre de Prince 1709. † 1716.*

S C H W A R T Z E M B E R G.

JEAN ADOLPHE *fils d' Adam Comte de Schwartzemberg, né l'an 1615. crée Prince par l' Empereur Leopold, l'an 1671. † 1783.*

FERDINAND *Prince de Schwartzemberg, fils de Jean Adolphe, & de Justine Marie de Stahrenberg, né l'an 1652. † 1703.*

ADAM FRANCOIS CHARLES *Prince de Schwartzemberg fils de Ferdinand Guillaume & de Marie Anne cy deſſus, né 1680 - - tué par accident 1732.*

JOSEPH *fils d' Adam François Prince de Schwartzemberg , & d' Eleonore Amalie Magdelaine de Lobkowitz, né l'an 1722. Mariée l'an 1741. avec Marie Thereſe de Liechtenſtein.*

SINZENDORF.

GEORGE LOUIS *Comte de Sinzendorf de la ligne de Frydau & de Neubourg, fils de Pilgram II. & de Susanne de Trautmansdorf, né l'an 1616. † 1680.*

PHILIPPE LOUIS *Comte de Sinzendorf, fils de George Louis cy dessus, né l'an 1671. † 1642.*

JEAN GUILLAUME *Comte de Sinzendorf Marquis de Caravagio, fils de Philippe Louis, & de Rosine Catherine Isabelle de Waldstein, né l'an 1697.*

SOLMS.

MONNOIE *commune des Comtes de Solms.*

SPRINZENSTEIN.

JEAN HENRI *Comte de Sprinzenstein † a Pruck, l'an 1729.*

STOLBERG.

HENRI ERNEST *fils de Christophe Comte de Stolberg, & de Hedwige de Reinstein, né l'an 1593. † 1672.*

JEAN MARTIN *frere puine de Henri Ernest cy dessus, né l'an 1594. † 1669.*

ERNEST *Comte de Stolberg Isenbourg, fils de Henri Ernest cy dessus, & d'Anne Elisabeth de Stolberg, né l'an 1650. † 1710.*

CHRISTOPHE FREDERIC *Comte de Stolberg né 1672. & son frere puiné Juste Christian Comte de Kosla né 1676. tous deux fils de Christophe Louis, & de Louise Christine de Hesse Darmstadt.*

CHRISTOPHE LOUIS, *fils de Chriſtophe Frederic Comte de Stolberg, & de Catherine Baronne de Bibra & de Modlau, né l'an 1703. & ſon Couſin germain Frederic Botho, né l'an 1714.*

CHRISTIAN ERNEST *Comte de Stolberg Wernigerode, fils de Louis Chriſtian, né l'an 1691.*

FREDERIC CHARLES *Comte de Stolberg Geudern, frere puiné de Chriſtian Erneſt cy deſſus, né l'an 1693. †*

TAXIS.

ANSELME FRANCOIS *fils de Eugene Alexandre Prince de la Tour Taxis, & d'Anne Adelaide de Furſtemberg, né l'an 1679. † 1739.*

TRAUTSON.

PAUL SIXTE *Comte de Trautſon fils de Jean Trautſon de Matray & de Brigitte Madruce † 1620.*

JEAN FRANCOIS *Comte de Trautson fils de Paul Sixte I. & de Susanne Veronique de Meggau † 1663.*

FRANÇOIS EUSEBE *de Trautson Comte de Falckenstein fils de Jean François, né 1640. † 1728.*

JEAN LEOPOLD *frere puiné de François Eusebe né 1659. fait Prince d'Emp. 1711. † 1724.*

WALDECK.

CHARLES AUGUSTE FREDERIC, *fils de Frederic Antoine Ulric Prince de Waldeck, & de Louise de Birkenfeld, né l'an 1704.*

WALDSTEIN.

ALBERT *Comte de Waldstein Duc de Friedland, tue à Egra, le 14. Fevrier 1634.*

WIED.

FREDERIC ALEXANDRE *Comte de Wied, fils de Frederic Guillaume Comte de Wied-Runckel, & de Louise Charlotte de Dohna, né l'an 1706.*

WINDISCHGRATZ.

LEOPOLD VICTOR *Comte de Windischgratz Grand Ecuyer héréditaire de Styrie, né l'an 1686. † 1746.*

DUCS DE CURLANDE.

JAQUES KETLER DE NESSELROD, *fils de Guillaume Duc de Curlande, & de Sophie fille d'Albert I.er Duc de Pruſſe, né 1610. Duc de Curlande 1639. † 1682.*

FREDERIC CASIMIR, *fils de Jaques Duc de Curlande, & de Louiſe Charlotte de Brandebourg, né l'an 1650. † 1698.*

DUCS DE PLOCZKO.

WENCESLAS 3.^e *fils de Boleslas Duc de Ploczko ſur la Wiſtule, † 1330.*

DUCS DE SILESIE.
DUCS DE SCHWEIDNITZ ET DE JAVER.

BOLCON *dit* BOLESLAS II. *fils de Bernard Duc de Schweidnitz, & de Marguerite fille de Wladislas IV. Roi de Pologne, † 1368.*

DUCS DE SILESIE, LIGNITZ, BRIEG ET WOLAU.

FREDERIC II. *Duc de Lignitz & Brieg fils de Frederic I. & de Ludomille fille de George Podiebrad Roy de Boheme, né 1480. † 1547.*

JOACHIM FREDERIC, *fils de George II. dit le pieux, & de Barbe de Brandebourg, né l'an 1550. † 1602.*

JEAN CHRISTIAN *Duc de Brieg né 1591. † 1639. & son frere puiné George Rodolphe Duc de Lignitz, né 1595. † 1653. l'un & l'autre fils de Joachim Frederic & d'Anne Marie d'Anhalt.*

JEAN CHRISTIAN *mentionné cy deffus, feul.*

GEORGE RODOLPHE *feul. voyez cy deffus, Jean Chriftian.*

GEORGE III. *Duc de Brieg, né l'an 1611. † 1664. Louis IV. Duc de Lignitz, né l'an 1616. † 1663. & Chriftian Duc de Wolau, né l'an 1618.
† 1672. Tous les trois fils de Jean Chriftian Duc de Brieg, & de Dorothée Sybille de Brandebourg.*

GEORGE III. *mentionné cy deſſus, ſeul.*

CHRISTIAN *Duc de Wolau, ſeul.*

GEORGE GUILLAUME *dernier Duc de Lignitz, Brieg & Wolau, fils de Chriſtian cy deſſus, & de Louiſe d'Anhalt, né l'an 1660. † ſans poſterité, l'an 1675.*

COMTES DE GLATZ.

ERNEST *fils d'Albert IV. Duc de Baviére, & de Cunegonde fille de l'Emp. Frederic III. né l'an 1500. acheta le Comté de Glatz où il se retira l'an 1554. & y mourut l'an 1560.*

DUCS DE SILESIE OELS ET MUNSTERBERG.

CHARLES I. *Duc d'Oels & de Münsterberg, fils de Henri le vieux, & d'Ursule de Brandebourg, né l'an 1476. † 1536.*

IDEM & JEAN *son 4.e fils, né l'an 1509. † 1565.*

JOACHIM *Evêque de Brandeb. né l'an 1503. † 1562. Henri II. Duc de Munsterberg, né 1507. † 1548. Jean Duc d'Oels & de Münsterberg, né 1509. † 1565. & George né 1512. † 1553. Tous les 4. fils de Charles I. cy dessus.*

IDEM, *son frère Henri II. mentionné cy dessus, & Charles II. fils de Henri II. né l'an 1545. † 1617.*

JEAN *fils de Charles I. & frere puine de Joachim & de Henri II. nè l'an 1509.*
† 1565.

HENRI III. *né l'an 1542. † 1587. & Charles II. né l'an 1545. † 1617. l'un*
& l'autre fils de Henri II. & de Marguerite de Mecklembourg.

CHARLES II. *fils puiné de Henri II. mentionné cy deſſus.*

HENRI WENCESLAS *Duc de Bernſtadt, né 1592. † 1639. & ſon frere puiné*
Charles Frederic Duc d'Oels, † 1647. tous deux fils de Charles II. Duc
de Münſterberg & d'Eliſabeth Magdelaine de Lignitʒ.

DUCS DE SILESIE TESCHEN.

ADAM WENCESLAS, *fils de Wenceslas Adam le Posthume, & de sa 2.ᵈᵉ femme Sidonie Catherine de Saxe Lauenbourg, né l'an 1574. † 1617.*

PRINCES DE TRANSYLVANIE.

CHRISTOPHE *frere puiné d'Etienne Bathori Roy de Pologne, & fils d'Etienne Bathori de Somlio Prince de Tranſylvanie en 1576.* † *1585.*

ELISABETH *Boʒkay, femme de Chriſtophe Bathori Prince de Tranſylvanie.*

ETIENNE BATHORI *frere de Chriſtophe Bathori cy deſſus, né l'an 1533. Prince de Tranſylvanie, puis Roi de Pologne, l'an 1575.* † *1586.*

SIGISMOND BATHORI *fils de Chriſtophe, né 1572. Prince 1581.* † *1613.*

MOYSE ZEKEL *de Semien Falva, Elu Vaivode de Tranſylvanie par les Si-*
cules rebelles, l'an 1603. & tué la même année dans la bataille que lui livra
le celebre George Baſta, où les Sicules furent défaits, & on leur enleva
155. Drapeaux & Etendards.

ETIENNE BOZKAY *Prince de Tranſylvanie depuis 1604. Jusqu'à l'an 1607.*

SIGISMOND RAGOCZI *Prince de Tranſylvanie en 1607. abdiqua en 1608.*

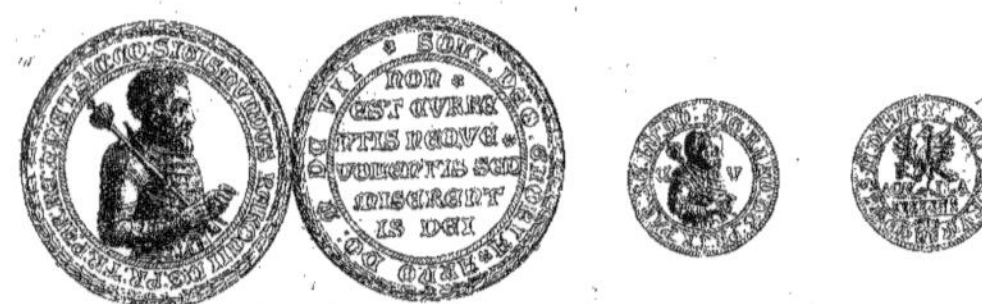

GABRIEL BATHORI *Vaivode en 1608. aſſaſſiné l'an 1613.*

GABRIEL BETHLEN *né 1580. Vaivode en 1613. Prince d'Empire en 1621.*
† *1629.*

CATHERINE *femme de Gabriel Bethlen Prince de Transſylvanie, & fille de Jean Sigismond Elect. de Brandebourg, & d'Anne de Pruſſe, née l'an 1602. mariée l'an 1625. † 1649.*

ETIENNE BETHLEN *frere puiné de Gabriel Bethlen, Vaivode en 1629. mais déposé peu de tems aprés.*

GEORGE RAGOCZI I. *fils de Sigismond Ragoczi, Vaivode en 1630. Prince d'Empire la même année, † 1648.*

GEORGE RAGOCZI II. *fils de George Ragoczi I. Prince de Tranſylvanie
en 1648. tué par les Turcs l'an 1660.*

ACHATES BARCSAI *Vaivode depuis 1658. Juſques en 1661.*

JEAN KEMENY. *Vaivode l'an 1660. tué dans un combat l'an 1662.*

MICHEL APAFFI I. *fils de George Apaffi, Vaivode en 1661. embraffa le parti de l'Empereur l'an 1688. † 1690.*

MAISONS SOUVERAINS LIMITROPHES.
OU ENCLAVÉES DANS LA FRANCE.
DUCS DE BRETAGNE.

FRANCOIS II. *dernier Duc de Bretagne, fils de Richard Comte d'Etampes, & de Marguerite fille de Louis Duc d'Orléans, né l'an 1435. † 1488.*

SOUVERAINS DE CHARLEVILLE.

CHARLES I. *fils de Louis de Gonzague & de Henriette de Cleves héritiére de Nevers & de Rhétel, fonda Charleville fur la Meufe en Champagne, l'an 1606. fuccéda à Vincent II. Duc de Mantoue, l'an 1627. † 1637.*

DAUPHINS VIENNOIS.

HUMBERT II. *dernier Dauphin Viennois, fils de Humbert I. de la Tour du Pin, † à Clermont en Auvergne, l'an 1354.*

CHARLES *premier Dauphin de la Maifon de France, fils ainé du Roi Jean, il naquit à Vincennes, l'an 1337. parvint à la couronne de France, l'an 1364. † 1380.*

PRINCES DE DOMBES.

LOUIS *de Bourbon II. du nom Duc de Montpensier, Souverain de Dombes, Prince de la Roche sur-yon & du Luc, Dauphin d'Auvergne, surnommé le bon, fils de Louis I. & de Louise de Bourbon Comtesse de Montpensier, né l'an 1513. † 1582.*

GASTON *de France Duc d' Orleans frere unique de Louis XIII. Roi de France, né l'an 1608. † 1660. parvint à la Principauté de Dombes l'an 1626. par son Mariage avec Marie de Bourbon fille & héritiére de Henri Duc de Montpensier Souverain de Dombes, decédée l'an 1627.*

PRINCES DE MONACO.

HONORE II. *Prince de Monaco, Duc de Valentinois fils d'Hercule Prince de Monaco, Marquis de Campania Comte de Camsio, † 1662.*

COMTES ET PRINCES SOUVERAINS DE NEUCHATEL

HENRI I. *Duc de Longueville & Comte Souverain de Neuchatel, fils ainé de Léonard d'Orléans Duc de Longueville, & de Marie de Bourbon fille de François Comte de St. Paul, né l'an 1568. † 1595.*

HENRI II. *fils de Henri I. Duc de Longueville & Prince Souverain de Neuchatel, & de Catherine de Gonzague fille de Louis Duc de Nevers, né l'an 1595. † 1663.*

ANCIENS PRINCES D'ORANGE.

RAYMOND IV. *Prince d'Orange Baron de Baux, Vicomte de Marseille, Roi titulaire d'Arles, fils de Bertrand III. † 1340.*

RAYMOND V. *fils de Raymond IV. Il épousa Anne de Geneve & en eut deux filles, dont l'aînée Marie de Baux porta la Principauté d'Orange à son Mari Jean IV. de la Maison de Chalons, l'an 1410.*

SOUVERAINS D'ITALIE.
ANCIENS DUCS DE BENEVENT.

GRIMOALD. II. † *l'an 788. l'Emp. Charlemagne l'obligea de mettre son nom sur ses monnoies, mais ce Monarque ayant passé les Alpes, Grimoald ne se souvint plus de sa promesse.*

SICARD *fils de Sico Duc de Benevent, succéda à son Pere, l'an 833. † 840.*

DUCS DE CALABRE.

ROBERT, *fils de Charles d'Anjou Roi de Naples, & de Marie fille d'Etienne V. Roi de Hongrie & frere puiné de Charles Martel Roi de Hongrie, né l'an 1279. Roi de Naples fous le nom de Robert le fage, l'an 1309. † 1343.*

MAISON D'EST, DUCS DE FERRARE.

BORSO *d'Eſt, un des 22. Enfants illegitimes de Nicolas III. il reçut magni-fiquement l'Emp. Frederic III. qui l'année ſuivante le fit Duc de Modene & de Regio, il mourut l'an 1471.*

HERCULE I. *Duc de Ferrare & de Modene fils de Nicolas III. Marquis d'Eſt & de Ferrare Seig.ʳ de Modene &c. né l'an 1433. † 1505.*

ALPHONSE I. *fils de Hercule I. & d'Eléonore d'Aragon fille de Ferdinand Roi de Naples, né l'an 1476. † 1534.*

HERCULE II. *fils ainé d'Alphonſe I. & de Lucrece Borgia, né 1508. † 1558.*

ALPHONSE II. *fils de Hercule II. & de Renée de France Zelée Protectrice
de Calvin, né l'an 1533. fuccéda l'an 1558. † 1597.*

MAISON D' EST, DUCS DE MODENE ET DE REGIO.

CESAR *d'Eſt Duc de Modene & de Régio fils naturel d'Alphonſe d'Eſt Marquis de Montéchio & petit fils d'Alphonſe I. Duc de Ferrare & de Modene, né 1562. Duc de Modene 1598. par conceſſion de l'Emp. Rodolphe
II. † 1628.*

FRANCOIS I. *fils d'Alphonſe III. dit I. & d'Iſabelle de Savoie, né 1610. Duc
de Modene l'an 1629. † 1658.*

ALPHONSE IV. *fils de François I. Duc de Modene & de Règio, né l'an
1634. † 1662.*

FRANCOIS II. *fils d'Alphonse II. Duc de Modene, & de Laura Martinozzi,
né l'an 1660. † 1694.*

MAISON FARNESE, DUCS DE PARME ET DE PLAISANCE

OCTAVE FARNESE *fils de Pierre Aloysius Duc de Parme & de Jeronime
Ursine de Petigliano, né 1524. succéda à son Pere l'an 1547. † 1586.*

ALEXANDRE FARNESE *fils d'Octave Farnése & de Marguerite fille naturelle de l'Emp. Charles V. né l'an 1544. Gouverneur des Païs-bas en
1578. † 1592.*

RANUCE I. *fils d'Alexandre & de Marie de Guimaraens, † 1622.*

ODOARD I. *fils de Ranuce I. & de Marguerite Aldobrandin, né l'an 1612. obtint du Pape le Duché de Castro en 1641. † 1646.*

RANUCE II. *fils ainé d'Odoard I. & de Marguerite de Médicis fille de Cosme II. † 1694.*

FRANCOIS, *fils de Ranuce II. & de sa 3.ᵉ femme Marie d'Est, né l'an 1678. † 1727.*

MAISON DE GONZAGUE, DUCS DE MANTOUE

FRANCOIS II. *Marquis de Mantoue fils de Frederic I. & de Marguerite fille d'Albert III. Duc de Baviere, né l'an 1466. † 1519.*

FREDERIC II. *fils ainé de François II. & d'Isabelle d'Est-Ferrare, né l'an 1500. fait Duc de Mantoue l'an 1530. & Marquis de Montferrat, l'an 1536. † 1540.*

FRANCOIS III. *Marquis, dit François I. Duc de Mantoue fils ainé de Frederic II. & de Marguerite Paléologue héritiére du Duché de Montferrat, né l'an 1533. † 1551.*

GUILLAUME *frere puiné de François III. né l'an 1536. hérita de Marguerite sa Mere le Duché de Montferrat, l'an 1573. † 1587.*

VINCENT I. *De Gonzague fils de Guillaume & d'Eléonore fille de l'Empereur Ferdinand II. né 1562. institua l'ordre du pretieux Sang en 1608. † 1612.*

FRANCOIS IV. *fils aîné de Vincent I. & d' Eléonore de Médicis, né l'an 1586.*
† 1612.

FERDINAND *frere puîné de François IV. cy deſſus, né 1587. Cardinal 1605.*
ſuccéda au Duché de Mantoue après la mort de François ſon frere aîné,
l'an 1612. † 1626.

VINCENT II. *frere puiné de Ferdinand cy deſſus, né l'an 1594. Cardinal 1615.*
Duc de Mantoue & de Montferrat en 1626. † l'an 1627.

CHARLES I. *fils de Louis de Gonzague, & de Henriette de Cleves héritiére*
de Névers & de Rhetel, ſuccéda à Vincent II. Duc de Mantoue, l'an
1627. † 1637.

MARIE *fille unique de François IV. Duc de Mantoue, & de Marguerite de*
Savoye, née l'an 1609. † 1660. & ſon fils Charles II. né l'an 1629. † 1665.

CHARLES II. *feul, voyés Marie mentionnée cy deſſus.*

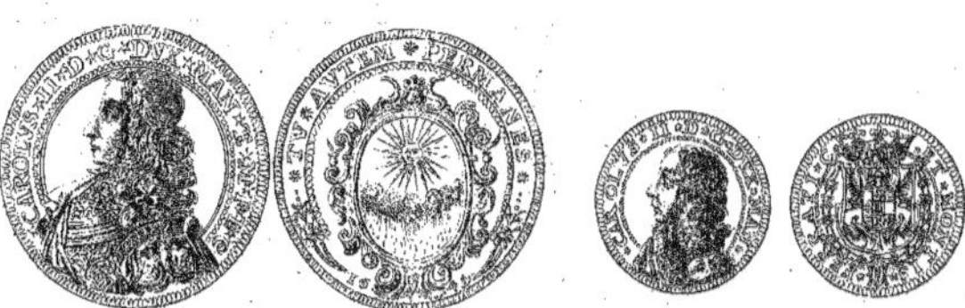

ISABELLE CLAIRE *d'Autriche femme de Charles III. Duc de Mantoue, née l'an 1629. † 1685. & ſon fils & Pupille Ferdinand Charles dit Charles IV. dernier Duc de Mantoue, né l'an 1652. † 1708.*

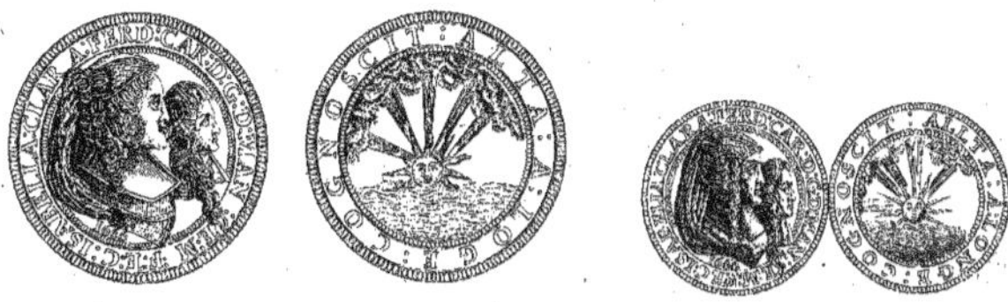

FERDINAND CHARLES *dit Charles IV. fils de Charles III. & d'Iſabelle Claire fille de Léopold Archiduc de Tyrol, né l'an 1652. † 1708.*

GONZAGUES DUCS DE SABIONETTE
ET PRINCES DE BOZZOLO.

JULES CESAR *Prince de Bozzolo 5.ᵐᵉ fils de Charles Gonzague Comte de St. Martin & d'Emilie de Gonzague, † 1705.*

SCIPION *fils de Ferdinand Comte de St. Martin & d'Isabelle de Gonzague Novellare, né l'an 1595. † 1674.*

GONZAGUES PRINCES DE CASTIGLIONE.

FRANCOIS I. *fils de Ferdinand I. Prince de Castiglione, né l'an 1577. succéda à son frere ainé Rodolphe, l'an 1593. † l'an 1616.*

GONZAGUES DUCS DE GUASTALLA.

FERDINAND II. *fils de César I. Duc de Guastalla & de Melphi, & de Camille Borromée † 1632.*

DUCS DE MILAN.

GALEAS II. *Vifconti, feigneur de Milan l'an 1356. † 1378. & fon frere puiné Bernabo Vifconti le Néron de la Lombardie qui mourut empoifonné, l'an 1385. l'un & l'autre fils d'Etienne Vifconti qui vivoit à la Cour de l'Emp. Louis de Baviere.*

FRANCOIS *Sforce I. fils de Mutio Avendolo ou Attendolo Comte de Cotignola, & d'Antoinette Salimbena, né l'an 1401. Duc de Milan en 1450. † 1460.*

GALEAZ MARIE SFORCE *fils de François Sforce né 1444. Duc de Milan en 1466. affaffiné dans l'Eglife de cette ville au milieu de fes gardes, l'an 1476.*

BONE *fille de Louis Duc de Savoye, & femme de Galéaz Marie Sforce cy deffus, Mariée l'an 1468. † 1485.*

PHILIPPE MARIE SFORCE, *frere puiné de Galéas Marie cy deffus, né l'an 1447. † 1479.*

LOUIS MARIE SFORCE, *frere puiné de Galéas Marie & de Philippe Marie mentionnés cy devant, né l'an 1451. Duc de Milan l'an 1494. † en prison, l'an 1508.*

JEAN GALEAZ MARIE SFORCE *fils de Galéaz Marie Duc de Milan & de Bonne fille de Louis Duc de Savoye, né 1469. † 1494.*

IDEM *& Sa Mere Bone de Savoye mentionnée cy dessus.*

FRANCOIS SFORCE II. *fils puiné de Louis Marie Sforce cy dessus, & de Béatrix d'Est Ferrare, né l'an 1403. Duc de Milan 1421. Epousa Christine de Dannemarck l'an 1534. † sans postérité l'an 1535.*

DUCS DE SAVOYE.

AMEDEE V. *dit le grand Comte de Savoye, fils de Thomas II. Comte de Maurienne, né l'an 1249. il fecourut Rhodes affiegée par les Infidelles, l'an 1311. † à Avignon, l'an 1323.*

LOUIS *Comte de Chiavenne, fils de Louis Duc de Savoye, & d'Anne de Lufignan né l'an 1436. époufa Charlotte fille & héritiére de Jean II. Roi de Chypre, l'an 1458. † 1482.*

CHARLES I. *Duc de Savoye, fils d'Amédée IX. & de Jolande fille de Charles VII. Roi de France, né l'an 1468. fuccéda à fon frere, l'an 1482. † 1489.*

CHARLES II. *fils de Charles I. Duc de Savoye & de Blanche fille de Guillaume Duc de Montferrat, né l'an 1488. fuccéda à fon Pere, l'an 1489. † 1496.*

PHILIPPE II. *dit le beau, fils de Philippe fans terre Duc de Savoye, & de Marguerite de Bourbon, né l'an 1480. fuccéda l'an 1497. † 1504.*

EMANUEL PHILIBERT *furnommé tête de fer , fils de Charles III. dit le bon & de Béatrix de Portugal , né 1528. acquit Oneille & le Comté de Tende † 1580.*

CHARLES EMANUEL I. *furnommé le Grand , fils d' Emanuel Philibert & de Marguerite fille de François I. Roi de France , né 1562. acquit le Marquifat de Saluffes en 1588. † 1630.*

VICTOR AMEDEE I. *fils de Charles Emanuel I. Duc de Savoye, & de Ca-therine fille de Philippe II. Roi d'Espagne, né 1587. † 1637.*

CHRISTINE *fille de Henri IV. Roi de France, & de Marie de Médicis, née l'an 1603. & femme de Victor Amedée I. Duc de Savoye † 1663. & ses deux fils & Pupilles François Hyacinthe, né l'an 1632. † 1638. & Charles Emanuel II. né l'an 1634. Duc de Savoye l'an 1637. † 1675.*

CHARLES EMANUEL II. *mentionné cy dessus, seul.*

MARIE JEANNE BAPTISTE *de Nemours Régente de Savoye, née l'an 1644. Mariée au Duc Charles Emanuel II. l'an 1665. † 1724. & son fils & Pupille Victor Amedée II. né l'an 1666. Duc de Savoye, l'an 1675. Roi de Sardaigne l'an 1720. † 1732.*

VICTOR AMEDEE II. *mentionné cy dessus, seul.*

GRANDS DUCS DE TOSCANE.

ALEXANDRE *fils naturel de Laurent de Médicis Duc d'Urbin, né l'an 1510. fait Duc de Florence, l'an 1531. épousa Marguerite fille naturelle de l'Emp. Charles V. l'an 1536. & fut assassiné, l'an 1537.*

COSME I. *fils de Jean de Médicis & de Marie Salviati, né 1519. Duc de Florence 1537. Grand Duc l'an 1569. † 1574.*

FRANCOIS I. *fils de Cosine I. & d'Eléonore de Tolede, ne 1541. † 1587.*

FERDINAND I. *frere puiné du Grand Duc François I. né l'an 1549. Cardinal en 1563. succéda à son frere l'an 1587. † 1608.*

COSME II. *fils de Ferdinand I. & de Chriſtine de Lorraine, né 1590. Grand Duc l'an 1608. † 1621.*

FERDINAND II. *fils de Coſme II. & de Marie Magdelaine d'Autriche fille de Charles Archiduc de Styrie, nè 1610. 1670.*

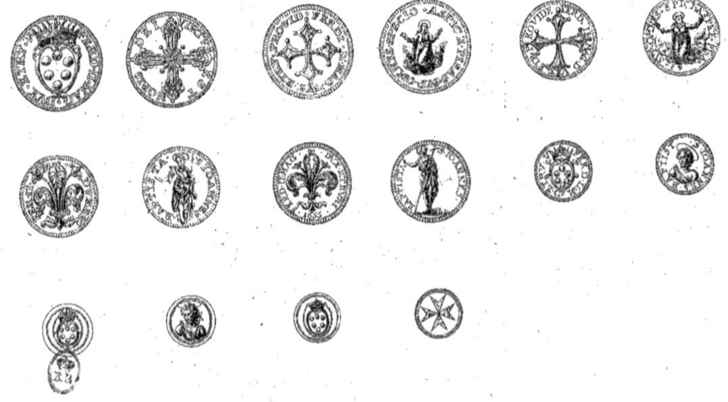

COSME III. *fils de Ferdinand II. & de Victoire de la Rovéré fille de Frederic Ubalde Duc d'Urbin, né 1642. fuccéda 1670. † 1723.*

JEAN GASTON *fils puiné de Cofine III. & de Marguerite Louife d'Orléans, né 1671. fuccéda 1723. † 1737.*

FRANCOIS III. *Duc de Lorraine & de Bar fous le nom de François II. Grand Duc de Tofcane, fils de Léopold I. Duc de Lorraine & d'Élifabeth Charlotte d'Orléans, né 1708. Duc de Lorraine 1729. Grand Duc de Tofcane 1737. Empereur des Romains 1745.*

DUCS D'URBIN.

LAURENT I. *Duc d'Urbin, fils de Pierre & petit fils de Laurent de Médicis surnommé le Magnifique & le Restaurateur des Lettres, naquit l'an 1492.* † *1518.*

FRANCOIS MARIE I. *de la Rovéré, fils de Jean de la Rovéré, & de Jeanne Montfeltro héritiére du Duché d'Urbin, né l'an 1491.* † *1538.*

FRANCOIS MARIE II. *fils de Guidobalde & de sa seconde femme Victoire Farnese, né l'an 1549. abdiqua l'an 1626.* † *1631.*

SOUVERAINS FEUDATAIRES
DE L'EMPIRE ET DU St. SIEGE EN ITALIE.
MARQUIS D'ARAGONA D'AVALOS.

CESAR *d'Avalos d'Aquino & d'Aragona, Prince d'Isernia & de Francaville, Marquis de Vasto & de Pescara, fils de Diegue Marquis de Vasto & de Françoise Caraffa,* † *1729.*

MAISON DE BENTIVOGLIO.

JEAN *Bentivoglio, fils d'Annibal Seigneur de Bologne l'un des plus grands hommes de son tems,* † *1508.*

MARQUIS DE CAMPO. DANS L'ETAT DE GENES

CHARLES *Centurione fils de Louis Centurione, & de Magdelaine Salvaga, né l'an 1615. créé Comte Palatin & Prince d'Emp. par l'Emp. Ferdinand III. l'an 1654.* † *1663.*

COMTES DE CORREGIO.

CAMILLE *d'Autriche, Comte de Corrégio dans le Modenois, fils de Manfrede III. & de Lucrece d'Est, signala sa valeur à la fameuse Bataille de Lepante l'an 1571.* † *1600.*

COMTES DE DEZANA ENTRE TRIN ET VERCEIL.

ANTOINE MARIE *fils de Delphino Tizzone II. Comte de Dezana.*

COMTES DE GAZOLDO DANS LE MANTOUAN.

ANNIBAL *Hipoliti né 1619. † 1696.*

MAISON DES MANDELLI DANS LE DUCHÉ DE MILAN.

JAQUES *Mandelli fils de Tatius Mandelli & de Lucrece Beolca, né l'an 1582. l'Emp. Ferdinand II. luy accorda le titre de Chambellan & la permiſſion de frapper monnoie avec la qualité de Vicaire de l'Empire dans le fief du haut & bas Macagno ſur le lac majeur. il mourut l'an 1645.*

DUCS DE MASSA CARRARA.

ALBERIC I. *Cybo premier Prince de Maſſa, Marquis de Carrara, fils de Laurent Cybo Comte de Ferentillo Marquis de Maſſa, & de Richarde Cybo, † 1623. agé de 96. ans.*

PRINCES DE MASSERANO COMTES DE LAVAGNA DE LA MAISON FERRERO FIESQUES.

BESSUS III. *Acciajoli Fiesque Ferréro fils de Philibert Ferréro Marquis de Masserano & de Bartholomée de Fiesque, acquit le Marquisat de Crevecoeur ou Crepacore, l'an 1576.*

FRANCOIS PHILIBERT *Ferréro Fiesque fils de Bessus III. cy dessus, & de Claudine de Savoye, obtint le titre de Prince d'Empire & fut créé Chevalier de l'Annonciade, l'an 1581.*

PAUL BESSUS *Ferréro Fiesque fils de François Philibert cy dessus, fut fait Chevalier de l'Annonciade l'an 1630. épousa Jéronime Carretto fille de Philibert Marquis de Bagnasco.*

PRINCES DE MILANO.

JEAN DOMINIQUE *Milano Franco d'Aragona Marquis de St. George & de Polistina en Sicile, fils de George d'Aragona & de Béatrix de Vintimiglia, né l'an 1675. fait Prince d'Emp. 1731. † 1740.*

DUCS DE LA MIRANDOLE.

JEAN FRANCOIS *Pic Seigneur de la Mirandole & Comte de Concordia fils de Galeot Pic I. & de Blanche Marie d'Est, assassiné l'an 1533.*

LOUIS *Pic fils de Galeot Pic II. Prince de la Mirandole & d'Hipolite de Gon-*
zague Sabionette, † *1574.*

MAISON PIGNATELLI PRINCES DE BELMONTE.

ANTOINE *Pignatelli Prince de Belmonte fils de Nicolas VIII. Duc de Monte-*
leone, fait Prince d'Empire en 1731.

PRINCES DE PIOMBINO.

NICOLAS *Ludovisio neveu du Pape Gregoire XV. Marié en secondes noces*
à Polyxene des Vrsins fille & héritière de Paul Jourdain II. des Vrsins
Duc de Bracciano & Prince de Piombino.

JEAN BAPTISTE *Ludovisio fils de Nicolas Ludovisio Prince de Piombino,*
& de sa 3e femme Constance Pamphile, succeda à son Pere, l'an 1665.
† *1699.*

MARQUIS DE SALUSSES.

LOUIS II. *fils de Louis I. Marquis souverain de Salusses, & d'Isabelle de Montferrat, † à Genes 1504.*

MAISON SPINOLA.

AUGUSTIN *Spinola fils de Marc Antoine Spinola & de Cornelie de Marinis, né avant l'an 1561. † environ l'an 1616.*

PHILIPPE *Spinola, Comte de Tarassoli, fils d'Ambroise Spinola Duc de St. Severin & premier Marquis de Los Balbazés, & de Jeanne Basadonna † 1659.*

PHILIPPE II. *fils de Maximilien & de Violante Spinola, né l'an 1607. † 1688. il eut pour femme Livie Centurione.*

JULES *Spinola fils de Philippe Spinola & de Faustine Doria, Conseiller d'Etat de l'Emp. Leopold † à Vienne, l'an 1691.*

MAISON TRIULCE.

THEODORE *Triulce fils ainé d'Hercule Théodore Prince de Triulce & d'Ur-*
sine Sforce, † sans posterité 1678.

ANTOINE CAJETAN *Prince de Triulce & de Musocco, frere puiné de Theo-*
dore Triulce cy dessus, † 1707.

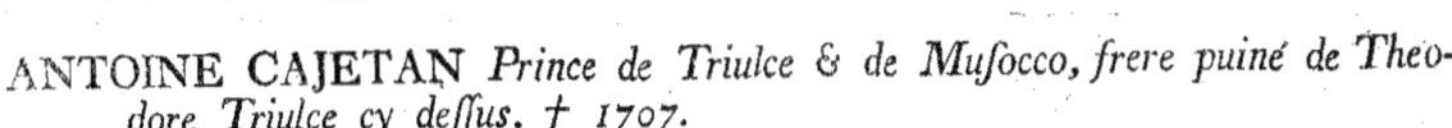

ANTOINE PTOLOMEE *Triulce fils d'Antoine Prince de Triulce, & de Lu-*
crece Marie Borromée fille de René Comte d'Arona, né 1692.

MAISON LANDI PRINCES DU VAL DI TARO.

FREDERIC *Landi Prince du St. Empire & du Val di Taro dans le Parmefan fils de Claude Landi & de Julie de Cordoue Arragona.*

COMTES DE VINTIMIGLIA.

JEAN VI. *Comte de Vintimiglia vers Palerme & Marquis de Giérace dans la Val Demona en Sicile, fils de François V. Prince de Delmontino & de Jeanne Frifcata, né à Maffine 1686.*

REPUBLIQUES.
REPUBLIQUE DE GENES.

X x x

REPUBLIQUE DE HOLLANDE
OU DES SEPT PROVINCES UNIES.
SEIGNEURIE DE FRISE.

DUCHÉ DE GUELDRES.

COMTE DE HOLLANDE ET SEIGN.^{rie} DE WESTFRISE.

SEIGNEURIE D' OWER-ISSEL.

SEIGNEURIE D'UTRECHT.

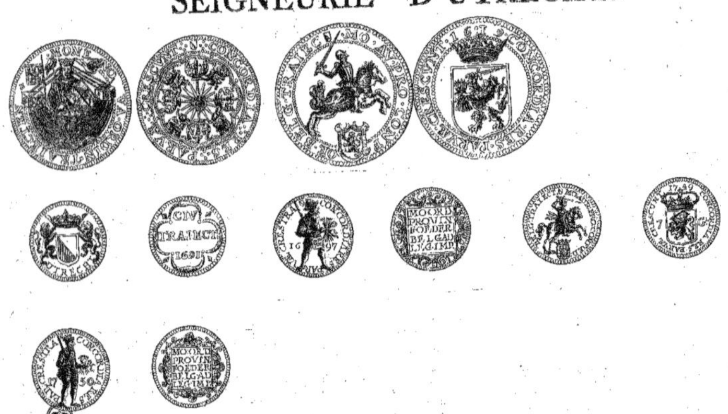

COMTÉ DE ZELANDE.

REPUBLIQUE DE LUCQUES.

REPUBLIQUE DE RAGUSE.

REPUBLIQUE DES SUISSES
ET LEURS ALLIES.
CANTON D'APPENZEL.

CANTON DE BASLE.

CANTON DE BASLE.

CANTON DE BERNE.

CANTON DE FRIBOURG.

CANTON DE LUCERNE.

CANTON DE SCHAFFHOUSE.

CANTON DE SCHWITZ.

CANTON DE SOLEURE.

CANTON D'UNDERWALD.

CANTON D'URY.

CANTON DE ZUG.

CANTON DE ZURICH.

VILLES ALLIEES DES SUISSES.
COIRE.

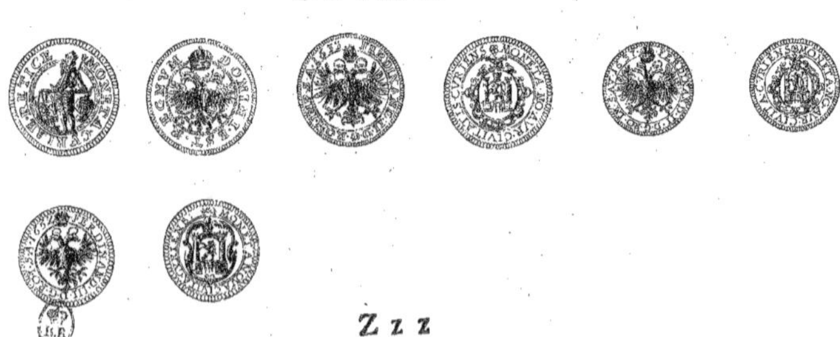

Z z z

VILLE DE St. GALL.

VILLE ET REPUBLIQUE DE GENEVE.

REPUBLIQUE DE VENISE.

DOGES DE VENISE.

JEAN SORANZO, *elu l'an 1313. † 1329.*

FRANCOIS DANDOLO, *elu l'an 1328. † 1339.*

BARTHELEMI GRADENIGO, *elu l'an 1339. † 1342.*

ANDRE DANDOLO, *elu l'an 1342. † 1354.*

LAURENT CELSI, *elu l'an 1361. † 1365.*

MARC CORNARO, *elu l'an 1365. † 1368.*

MICHEL MOROSINI, *elu l'an 1383.*

ANTOINE VENIER, *élu l'an 1384. † 1400.*

MICHEL STENO, *élu l'an 1400. † 1413.*

THOMAS MOCENIGO, *élu l'an 1413. † 1457.*

FRANCOIS FOSCARIN, *élu l'an 1423. † 1457.*

CHRISTOPHE MORO, *élu l'an 1462. † 1471.*

NICOLAS TRONO, *élu l'an 1471. † 1473.*

JEAN MOCENIGO, *éïu l'an 1477. † 1485.*

ANDRE GRITI, *élu l'an 1523. † 1529.*

FRANCOIS DONATO, *élu l'an 1545. † 1553.*

FRANCOIS VENIER, *élu l'an 1554. † 1556.*

LAURENT PRIOLI, *élu l'an 1556. † 1559.*

JEROME PRIOLI, *élu l'an 1559. † 1567.*

A a a a

ALOYSIUS MOCENIGO, *elu l'an 1570.* † *1577.*

NICOLAS DA PONTE, *elu l'an 1577.* † *1585.*

PASCAL CICONIA, *elu l'an 1585.* † *1595.*

MARIN GRIMANI, *elu l'an 1595.* † *1605.*

LEON DONATI, *elu l'an 1605.* † *1612.*

MARC ANTOINE MEMO, *elu l'an 1612.* † *1615.*

JEAN BEMBO, *élu l'an 1615. † 1618.*

ANTOINE PRIOLI, *élu l'an 1618. † 1623.*

LOUIS CANTARINI, *élu l'an 1623. † 1625.*

JEAN CORNARO, *élu l'an 1625. † 1630.*

NICOLAS CONTARINI, *élu l'an 1630. † 1631.*

FRANCOIS ERIZO, *élu l'an 1631. † 1646.*

FRANCOIS MOLINO, *élu l'an 1646. † 1655.*

CHARLES CONTARINI, *élu l'an 1655. † 1656.*

BERTUC FALIER, *élu l'an 1656. † 1658.*

JEAN PEZARI, *élu l'an 1658. † 1659.*

DOMINIQUE CONTARINI, *élu l'an 1659. † 1675.*

NICOLAS SAGREDO, *élu l'an 1675. † 1676.*

LOUIS CONTARINI, *élu l'an 1676. † 1684.*

MARC ANTOINE JUSTINIANI, *élu l'an 1684. † 1688.*

FRANCOIS MOROSINI, *élu l'an 1688. † 1694.*

SYLVESTRE FALIER, *élu l'an 1694. † 1700.*

ALOYSIUS MOCENIGO, *elu l'an 1700.* † *1709.*

JEAN CORNARO, *elu l'an 1709.* † *1722.*

LOUIS MOCENIGO, *elu l'an 1722.* † *1732.*

CHARLES RUZZINI, *elu l'an 1732.* † *1735.*

LOUIS PISANI, *élu l'an 1735. † 1741.*

PIERRE GRIMANI, *élu l'an 1741. † 1752.*

FRANCOIS LAUREDANO, *élu l'an 1752.*

PROVINCES ET VILLES LIBRES,
IMPERIALES, ET ANSEATIQUES.
PAR ORDRE ALPHABETIQUE.
AIX LA CHAPELLE.

AUGSBOURG.

A U T R I C H E.

BESANCON.

BIDGOST *dans la Cujavie*.

BINGEN *sur le Rhin*.

BOLOGNE *la Grasse*.

BOUILLON.

BRANDEBOURG.

BREME.

BRESLAU.

BRESLAU.

BRUCHSAL *près de Philipsbourg.*

BRUNSVICH.

CAMPEN *dans l'ower-Iſſel.*

CARINTHIE.

CARLSBOURG *en Transylvanie.*

CLEVES.

COLOGNE.

Dddd

COLOGNE.

CONSTANCE.

CRACOVIE.

CZETOCHOW *dans le Palatinat de Cracovie.*

DANTZICH.

DANTZICH.

DEVENTER *dans l'ower-Iffel.*

DORTMOND.

ELBING.

EMBDEN *dans le Comté d'Ostfrise.*

FLORENCE.

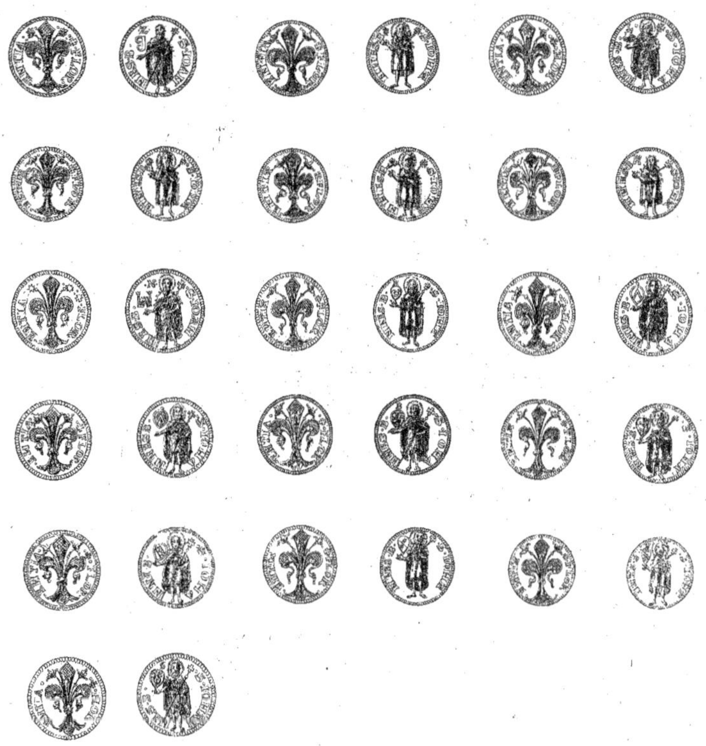

FRANCFORT *fur le Mein.*

F R I B O U R G *en Brisgaw.*

G A N D.

G L A T Z.

G O S L A R.

HALL *en Suabe.*

HAMBOURG.

HANOVRE.

HERMANSTADT *en Transylvanie.*

HERVORD *en Westphalie.*

HILDESHEIM.

JULIERS.

KAUFBEURN *en Suabe.*

LEIPSICH.

LITHUANIE.

LUBECK.

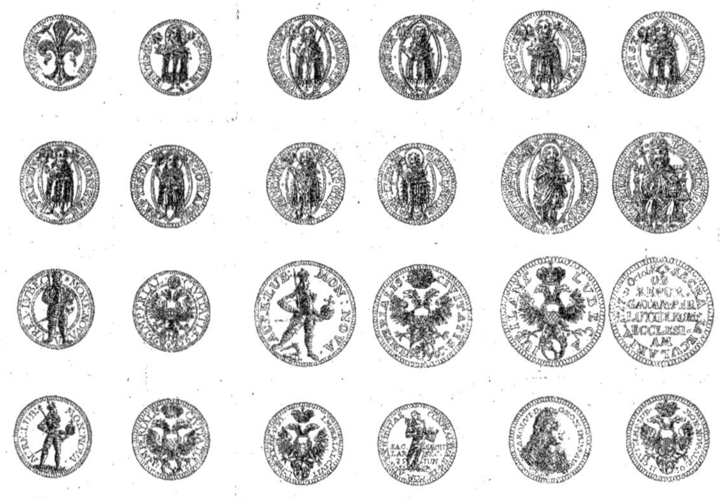

LUNEBOURG.

MAGDEBOURG.

M A N T O U E.

M A Y E N C E.

M E M I N G E N *en Suabe.*

M E T Z.

M O D E N E.

MONTE ALCINO.

MORAVIE.

MUNSTER.

NERVA *en Efthonie.*

NEUSTADT *fur l'Aifch dans le Margraviat d'Anfpach.*

NIMEGUE.

NORTLINGEN.

NUREMBERG.

Hhhh

OPPENHEIM.

PEROUSE.

PLAISANCE.

Hhhh 2

POMERANIE SUEDOISE.

PRUSSE.

RATISBONE.

RAVENSBERG.

R E G I O *dans le Modenois.*

R E V E L *en Livonie.*

R E U T L I N G E N *dans le Wirtemberg.*

R I G A *en Livonie.*

R O M E.

R O S T O C H.

S I E N N E.

S I L E S I E.

S I M E R E N.

S L E S V I C H.

S T R A L S U N D

STRASBOURG.

SUABE.

THORN.

TIROL.

TRANSYLVANIE.

VIENNE.

ULM.

W I S M A R.

W O R M S.

Z W O L.

INVENTAIRE
J 243
CABINET
IMPÉRIAL
DES
MONNOIE
EN
OR:
CABINET
IMPÉRIAL
DES
MONNOIE

9 782013 062459